中等职业教育国家规划教材

全国中等职业教育教材审定委员会审定

模具技术经济分析
——价格估算

第 2 版

（模具设计与制造专业）

主　　编　刘　航
副 主 编　李多铭
参　　编　程惠清
主　　审　彭　雁

机械工业出版社

本书是为中等职业学校模具设计与制造专业学生编写的，是中等职业教育国家规划教材《模具技术经济分析》的修订版。本书简要介绍了价格的基本知识，着重介绍模具价格的构成、当前模具价格的估算方法以及注射模具、小型冲压模具、中、大型冲压模具的最新价格估算方法，并指出我国目前模具价格状况及存在的问题，指导学生能对较为复杂的注射模具、冲压模具进行合理报价。为便于教学，本书配备了电子课件。

本书具有一定的理论性、综合性，其现场可操作性较强，可以作为中等职业学校模具设计与制造专业的教材，也可用于各类技工学校模具专业，还可供模具行业中的技术人员、营销人员参考。

图书在版编目(CIP)数据

模具技术经济分析——价格估算/刘航主编. —2版. —北京：机械工业出版社，2008.6（2024.1重印）

中等职业教育国家规划教材. 全国中等职业教育教材审定委员会审定. 模具设计与制造专业

ISBN 978-7-111-09761-7

Ⅰ. 模… Ⅱ. 刘… Ⅲ. ①模具—价格—估算—专业学校—教材②模具—市场营销学—专业学校—教材 Ⅳ. F764.3

中国版本图书馆CIP数据核字(2008)第059554号

机械工业出版社（北京市百万庄大街22号 邮政编码100037）
策划编辑：汪光灿 责任编辑：汪光灿 张云鹏 责任校对：王 欣
封面设计：姚 毅 责任印制：邵 敏
北京富资园科技发展有限公司印刷
2024年1月第2版第7次印刷
184mm×260mm・6.75印张・164千字
标准书号：ISBN 978-7-111-09761-7
定价：22.00元

电话服务 网络服务
客服电话：010-88361066　　机　工　官　网：www.cmpbook.com
　　　　　010-88379833　　机　工　官　博：weibo.com/cmp1952
　　　　　010-68326294　　金　书　网：www.golden-book.com
封底无防伪标均为盗版　机工教育服务网：www.cmpedu.com

中等职业教育国家规划教材出版说明

为了贯彻《中共中央国务院关于深化教育改革全面推进素质教育的决定》精神,落实《面向 21 世纪教育振兴行动计划》中提出的职业教育课程改革和教材建设规划,根据教育部关于《中等职业教育国家规划教材申报、立项及管理意见》(教职成[2001]1 号)的精神,我们组织力量对实现中等职业教育培养目标和保证基本教学规格起保障作用的德育课程、文化基础课程、专业技术基础课程和 80 个重点建设专业主干课程的教材进行了规划和编写,从 2001 年秋季开学起,国家规划教材将陆续提供给各类中等职业学校选用。

国家规划教材是根据教育部最新颁布的德育课程、文化基础课程、专业技术基础课程和 80 个重点建设专业主干课程的教学大纲(课程教学基本要求)编写,并经全国中等职业教育教材审定委员会审定。新教材全面贯彻素质教育思想,从社会发展对高素质劳动者和中初级专门人才需要的实际出发,注重对学生的创新精神和实践能力的培养。新教材在理论体系、组织结构和阐述方法等方面均作了一些新的尝试。新教材实行一纲多本,努力为教材选用提供比较和选择,满足不同学制、不同专业和不同办学条件的教学需要。

希望各地、各部门积极推广和选用国家规划教材,并在使用过程中,注意总结经验,及时提出修改意见和建议,使之不断完善和提高。

教育部职业教育与成人教育司

第 2 版前言

本书是根据教育部中等职业教育国家规划教材的要求和最新修订的模具设计与制造专业教学计划编写的,是中等职业学校模具设计与制造专业的教学用书,也可供从事模具设计的技术人员和模具营销人员参考。

本书是为了中等职业学校扩充模具设计与制造专业学生的知识面而编写的。科学、合理地对所设计的模具进行全面的价格估算,反映其真实价值,在模具生产中有着十分重要的意义。对于中等职业教育,以往我们更多地是注重专业知识和技能的培养,而不太注重经济核算的知识教育,但在市场经济迅猛发展的今天,仅仅学好专业知识是不够的,而既有经济头脑,又懂专业的人才才能适应社会需要。基于这些想法,将"模具技术经济分析"列入中等职业学校课程的教学计划是广大师生所希望的。目前,国内这方面的专门教材较少。本书在编写中无论是在取材、体例安排,还是在估算方法、估算对象的确定上编者都作了一定的尝试和总结。"模具技术经济分析"课程从开设至今一直很受模具设计与制造专业学生欢迎。该课程与实际能紧密联系,这是因为除了模具业务或采购人员之外,在新产品开发的流程当中,市场营销人员、产品企划人员、研发机构工程师、模具设计师都想在设计构想阶段、详细的设计图出来之前,预估开发模具要花多少钱,因为这个问题会在开发计划中成为重要的决策要素。但是,这个问题往往不是明确的,因此,许多人都想急于了解解决此问题的知识。本书为此首先扼要地介绍了价格方面的一些基本知识,然后较详细地叙述了模具价格的构成及简化计算方法,分析了当前模具价格状况及存在的问题,同时论述了注射模具、小型冲压模具、中大型冲压模具价格估算方法,并举例示范。本书内容力求适应中等职业学校教学要求,简洁,通俗,实用。参考学时为 30 学时。

本书由西安理工大学高等技术学院刘航副教授主编,编写第一、二、三、四章。重庆机电职业技术学院望江分院李多铭高级教师担任副主编,编写第五章及附录。重庆工业职业技术学院程惠清老师参与部分章节的编写。本书由辽宁机电职业学院彭雁副教授主审。

在本书的编写过程中,曾得到中国模具工业协会和陕西模具工业协会的大力支持。同时,在收集资料和编写过程中,也得到了不少生产单位及兄弟学校的支持和帮助,在此一并表示衷心的感谢。

本书配有电子课件。读者可登录机械工业出版社教材服务网 http://www.cmpedu.com 下载,或拨打咨询电话 010—88379193。

由于编者水平有限,错误和不足之处在所难免,恳切希望广大读者批评指正。

编 者
2008 年 5 月

第1版前言

本书是根据教育部面向21世纪中等职业教育国家规划教材"模具设计与制造专业"教学计划和"模具技术经济分析"教学大纲编写的，是中等职业学校"模具设计与制造"专业的规划教学用书，也可供从事模具设计的技术人员和模具营销人员参考。

对于中等职业教育，过去我们更多地是注重专业知识和技能的培养，而不太注重技术经济分析。但在社会主义市场经济迅速发展的今天，仅仅学好专业是不够的，也是不全面的。既有经济头脑，又懂专业的人才方能适应社会需要。本书首先扼要地介绍了价格方面的一些基本知识、模具的经济分析及评价方法，然后较详细地叙述了模具价格的构成、计算方法，并对目前的模具价格状况及存在的问题进行了剖析，同时论述了型腔模具、小型冲压模具、中大型冲压模具及其他一些模具价格估算方法，并举例示范。本书的核心之处是要教会学生具有或基本具有运用技术经济方面的基本知识，分析、估算模具价格的能力，使学生进一步树立技术经济分析的观念，并在进行模具价格业务洽谈时，在模具未设计完成之前就能对一般的型腔模具、冲压模具和其他模具进行技术经济分析及价格估算。

为了提高教学质量和学习兴趣，教材中列举了适量的实例和练习。

本书内容力求适应中等职业学校教学要求，简洁、通俗、实用。

本书的参考学时为30~40学时。

本书由西安仪表工业学校刘航主编，福建职业技术学院翁其金审阅了全稿。其中山西机械工业学校杨建明编写第一、二章，刘航编写第三、四章及附录。辽宁机电职业技术学院彭雁、深圳工业学校陈良辉、张家界航空工业职业技术学院徐政坤等同志对本书提出了许多宝贵意见。

在本书的编写过程中，曾得到中国模具工业协会、西安模具工业协会的大力支持。同时，在收集资料和编写过程中，也得到了不少生产单位及兄弟学校的支持和帮助，在此一并表示衷心的感谢。

由于编者水平有限，错误和不足之处在所难免，恳切希望广大读者批评指正。

编　者
2001年10月

目 录

第 2 版前言
第 1 版前言
第一章 价格的基本知识 ………… 1
　第一节 价格的构成、作用及种类 …… 1
　　一、价格的构成 ………… 1
　　二、价格的作用 ………… 2
　　三、我国价格的种类 ………… 3
　第二节 产品价格的制约因素 ………… 4
　　一、产品成本 ………… 4
　　二、供求关系 ………… 5
　　三、竞争关系 ………… 5
　第三节 定价目标与定价方法 ………… 6
　　一、定价目标 ………… 6
　　二、定价方法 ………… 7
　第四节 定价策略 ………… 9
　　一、新产品定价策略 ………… 10
　　二、心理定价策略 ………… 10
　　三、折扣定价策略 ………… 11
第二章 模具价格概述 ………… 12
　第一节 模具生产过程 ………… 12
　第二节 模具设计与制造特点 ………… 13
　　一、模具设计特点 ………… 13
　　二、模具制造特点 ………… 13
　　三、模具的加工方法 ………… 14
　第三节 模具价格的构成 ………… 15
　　一、模具价格的基本构成及
　　　 计算公式 ………… 15
　　二、各项费用的分解 ………… 15
　第四节 当前模具价格估算的方法 … 17
　　一、制订模具价格估算方法的
　　　 基本原则 ………… 17
　　二、当前模具价格估算的方法 ……… 17
　第五节 模具价格现状及发展方向 … 21
　　一、模具价格现状及存在的问题 …… 21
　　二、模具价格的发展方向 ………… 22
第三章 注射模具价格估算 ………… 23
　第一节 概述 ………… 23
　　一、型腔模具的含义及制造特点 …… 23
　　二、注射模具的常规制造工艺 ……… 23
　　三、注射模具价格的常用估算方法 … 24
　第二节 工时参数估价法 ………… 25
　　一、工时参数估价法的主要
　　　 对象与相关说明 ………… 25
　　二、工时参数估价法的因素
　　　 分类和估算公式 ………… 26
　　三、影响系数的取值方法和
　　　 估算公式 ………… 26
　第三节 材料比价估算法 ………… 34
　　一、材料比价估算法使用时的注
　　　 意事项 ………… 34
　　二、材料比价估算法的主要对象
　　　 与相关说明 ………… 35
　　三、材料比价估算法的影响因素
　　　 和估算公式 ………… 37
　第四节 注射模具估价实例 ………… 39
　　一、估价前的准备工作 ………… 39
　　二、手机前壳塑料模具估价实例 …… 40
第四章 小型冲压模具估价方法 ………… 50
　第一节 小型冲压模具的估价方法 … 51
　　一、基点工时估算法 ………… 51
　　二、重量估算法 ………… 57
　第二节 小型冲压模具估价实例 …… 58
　第三节 级进模估价方法 ………… 61
　　一、级进模结构特点 ………… 61
　　二、级进模估价方法概述 ………… 61
　　三、级进模估价实例 ………… 63
第五章 中、大型冲压模具估价方法 … 66
　第一节 概述 ………… 66

一、中、大型冲压模具的含义及
　　制造特点 …………………… 66
二、中、大型冲压模具价格估算
　　的适用范围 ………………… 67
第二节　中、大型冲压模具价格
　　　　估算公式及参数 ………… 67
一、实体重量估算法 ……………… 67
二、成本费用估算法 ……………… 71
第三节　中、大型冲压模具估价
　　　　步骤 ……………………… 83
一、实体重量估算法的估价步骤 … 83
二、成本费用估算法的估价步骤 ……… 83
第四节　中、大型冲压模具估
　　　　价实例 …………………… 85
复习思考题 ………………………… 87
附录 ………………………………… 88
附录A　中华人民共和国价格法 …… 88
附录B　部分标准模架价格 ………… 93
附录C　常用模具材料参考价格 …… 96
附录D　模具相关加工设备参考
　　　　价格 ……………………… 98
参考文献 …………………………… 100

第一章 价格的基本知识

纵观当今市场，价格是商品交换发展的产物。模具的定价是否合理不仅关系到用户的切身利益，而且还关系到制造商的盈利水平、市场的竞争以及预定的经营目标是否能够顺利实现等等，因此，模具价格的制定是模具制造企业经营决策的重要内容之一。为了制定合理的模具价格，反映其自身价值，本章首先介绍一些有关价格方面的基本知识。

第一节 价格的构成、作用及种类

一、价格的构成

价值是由生产商品的社会必要劳动量决定的，包括已耗费的生产资料的价值和劳动者新创造的价值。也就是说，价值是凝结在商品中的社会必要劳动。但是，商品的价值并不能由其自身来反映。在货币存在的条件下，一般是用货币形式计算商品的价格，并通过价格来反映其价值。所以，商品价格是商品价值的货币表现。价值是价格的基础，从根本上说，价格应由价值决定，即商品价值量越大，价格也应越高；反之，价值量越小，价格也应越低。但是，在实际生活中价格并不总是同价值完全一致，而是在市场因素的作用下，价格围绕价值上下波动，且只能大体上与价值保持一致。

价值虽然是形成价格的基础，但因商品的价值很难直接度量，所以，现实中商品价格由生产成本、税金、利润以及必要的流通费用四部分构成。

生产成本是指生产一定数量的产品所耗用的物质资料和支付给劳动者的报酬，主要包括材料费、动力消耗、工资及设备折旧费等。一般说来，生产成本的大小是决定产品价格高低的主要因素，若想降低产品的价格，首先必须设法降低其成本。此外，当产品价格不变时，成本越低，企业纯收入越大；成本越高，纯收入越小。因此，企业要想获取更多的盈利，就必须加强内部管理，精打细算，不断降低生产成本。

税金和利润是劳动者为社会所提供的剩余劳动的价值形式。税金是国家通过法令形式，以不同的税种和税率，在不同的环节中征收的费用，具有相对的稳定性，是国家财政积累的主要来源。同时，为了便于考核经营效果，进行经济核算，把纯收入的一部分以利润的形式由企业上交。税金是指应计入商品价格和服务收费中的纳税金额。税金对价格的高低和企业盈亏状况有重要的影响，如商品的成本和利润额已定，应纳税金越多，价格则越高。如果成本和价格已定，应纳税金越多，企业的利润必然减少。因此，税收也是一个重要的经济杠杆。

税金是价格构成的要素之一。工业品应纳税金按出厂价格计征，成为出厂价格的构成要素，即

$$工业品应纳税金 = 出厂价 \times 税率$$

商品价格中的利润是商品销售价格减去生产成本、流通费用和税金后的余额。目前，工业品出厂价格中的利润一般采用产品成本乘以利润率计算，即

工业品出厂价格中的利润＝产品成本×利润率

流通费用是指商品从生产者转移到用户的过程中所耗费的必要费用，包括经营管理费、利息、运杂费和损耗等。商品流通费用在价格中所占的比重依商品的性质不同而有所差别，如有的商品价值小、体积大、运费高、储存时间长，那么，流通费用在价格中的比重就大；而有的商品价值较大、体积较小、损耗又少，其流通费用的比重就小。不管流通费用大小，它的变动对价格都有着直接的影响。流通费用和生产成本合在一起构成产品的完全成本。

综上所述，商品的价格构成见图 1-1。

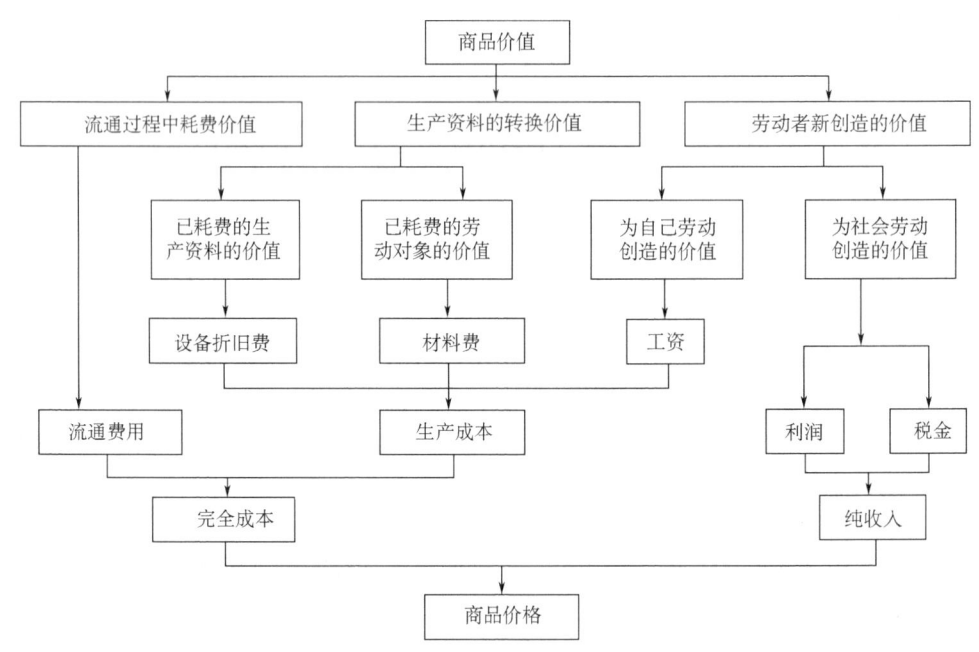

图 1-1　商品价格构成图

二、价格的作用

价值是形成价格的基础。但是，价格的高低也并非单纯地由价值所决定，它还要受市场供求及其他因素的影响。此外，价格又作为一个重要的经济杠杆，对企业的生产经营活动和市场供求状况产生重大的影响。一般情况下，价格作用表现在如下几个方面：

（1）价格起着调节生产和流通的作用　产品价格的提高可以激励企业扩大生产，然而，价格的降低可以引起购买力上升，促进商品消费。

过去，我国工业品的价格基本上由国家统一制定，企业无定价权，不管产品的价格高低、利润大小，企业必须按国家下达的产量和品种计划进行生产，不得擅自更改。经济体制改革以后，企业自主权不断扩大，企业在完成国家计划任务之后，有权根据市场需要自行安排生产和销售产品，很多产品可由企业自行定价或由供需双方协商后作出议价。这样，定价问题对企业来说，就有了实际意义，通过合理地确定产品价格就可以对生产和流通进行调节。

（2）价格是企业进行全面经济核算的有效工具　企业内部的经济核算必须以货币形式统一计价，否则企业的资金核算、成本核算、销售收入和纯收入等方面的核算都无法进行。只有利用价格进行核算，才能综合反映出企业生产经营活动的经济效益。另外，合理的价格能够调动生产者的积极性，并促使他们努力改善经营管理状况，提高劳动效率，降低劳动消耗。如果价格制定得不合理，就不能正确反映产品的劳动消耗，也就无法客观地比较和评价企业的生产成果，不利于企业开展全面经济核算。

（3）价格可以参与国民收入的再分配 通过商品交换，可以实现商品价格的分配职能。当某种商品以高于其价值的价格出售时，卖方就会获得较多的盈利，而买方就要承担较大的损失；而当某种商品以低于其价值的价格出售时，卖方就会发生亏损，买方就会受益。这些经济现象都是价格参与国民收入再分配的具体表现。

总之，价格直接关系到交换双方的经济利益，任何价格的变动，都会引起不同部门、地区、单位以及个人之间经济利益的重新分配。只有合理的价格才能正确处理国家、集体和个人三者之间的利益分配，才能有利于各方面经济利益的协调一致。

三、我国价格的种类

我国目前实行的是有计划的市场商品经济，因此，价格的类型具有多样性，分类的角度不同，其价格的表现形式也不同。了解价格的类型，对正确地制定价格决策具有重要的指导意义。

1. 按国家对价格的管理权限划分

（1）计划价格 指由国家对关系到国计民生的生产资料和消费资料等重要物资所规定的价格。由国家统一制定的称为国拨价；由地方政府按国家赋予的权限和规定的标准制定的称为地方价。计划价格又可分为固定价格和浮动价格两种：

1）固定价格。指在一定时期内固定不变的价格。如重要的农产品收购价、重要的生产资料出厂价、重要的消费品零售价和重要的交通运输价等，均实行国家统一定价，未经物价部门和业务主管部门审批，任何单位和个人都无权进行改动。这种定价的目的是为了促进商品生产，保障人民生活安定，保证社会再生产不受物价波动的影响。但缺点是定价形式死板，不能够完全适应商品经济发展的要求。随着我国经济体制改革的深入，这种定价方式将有待改善。

2）浮动价格。指由国家规定基价和浮动幅度后，企业根据供求情况在此范围内浮动的价格。浮动价格有三种形式：最高限价、中准价格和最低限价。

① 最高限价是以其基价为上限，企业只能在规定的幅度内向下浮动价格。一般适用于价格偏高，已形成积压，需要降价处理的商品。

② 中准价格是由国家规定中准价和浮动幅度，企业可以在规定的幅度内上下浮动价格。一般适于品种多，选择性强，市场供求变化快的商品。

③ 最低限价是以其基价为下限，企业只准在规定的幅度内向上浮动价格，一般适于供大于求而价格又偏低的商品。

浮动价格既体现了国家计划对价格形成的指导，又反映了价值规律的调节作用，是比较客观的定价形式。在目前我国经济体制改革时期，浮动价格仍起着主导作用。

（2）非计划价格 指国家对一部分非关键性物资不作统一定价，而是由交易双方协商议价或根据市场供求情况自由定价。非计划价格具体包括两种：

1）协议价格。指由交易双方根据生产情况和市场供求状况，按照价值规律的要求，通过协商而制定的价格。一般适用于非关键性物资或企业完成国家计划后超产并可自行支配的重要物资。例如模具基于自身特点，其价格一般由供求双方协商。实践证明，协议价格有利于按质定价和开展竞争，并可使产销直接挂钩，激励生产部门改善经营活动，更好地满足用户需求及活跃市场。但应注意的是，实行议价的部门和单位，应注意掌握价格涨落的适当幅度，以免影响市场物价的基本稳定。

2）自由价格。指完全由交易双方根据市场供求状况自由议定的价格。一般适用于关系国计民生较小的商品，这些商品虽然品种繁多，但占市场销售额的比重较小。这种价格易受市场供求状况的影响，且同类商品间竞争性强，交易双方可以讨价还价、随行就市、拍板成交。

改革开放以来，随着我国市场上物资的丰富，非计划价格的商品越来越多，这就为企业搞活经营，正确运用定价权，采取合理的价格决策提供了有利条件。但要指出的是，实行非计划价格，企业确实被赋予了很大的权力，但必须严格遵守国家的物价政策和市场管理条例，不能采用不正当的手段来欺骗用户，牟取暴利。同时，有关部门也必须严格加强市场管理，必要时可采用吞吐物资等经济手段实行必要的干预，以便稳定市场。

2. 按物资的流通环节划分

按照物资的流通环节可分为工业品出厂价格、批发价格和零售价格，其关系见表1-1。

表 1-1　商品流通环节价格关系

产品成本	销售税金	利润	批发商业流通费用	批发营业税	批发商业利润	零售商业流通费用	零售商业营业税	零售商业利润
出厂价格			进销差价					
商业批发价格						批零差价		
零售价格									

第二节　产品价格的制约因素

通常，商品的价格应根据商品的价值和市场供求情况来制定。但由于商品的准确价值很难度量，加之市场供求状况受竞争的影响不断发生变化，所以，实际商品价格的制定是在综合考虑产品成本、市场需求和市场竞争等因素的基础上进行的。因此，为了保证企业定价的准确性，就需对这些制约因素进行分析。

一、产品成本

产品成本是定价的基础，也是决定和影响价格变动的最主要因素。产品成本、利润、税金与产品价格的关系如下：

$$价格 = 产品成本 + 利润 + 税金$$

其中
$$利润 = 产品成本 \times 成本利润率$$

$$税金 = 价格 \times 税率$$

将后两式代入前式并作相应的变换，得

$$价格 = 产品成本 \times (1 + 成本利润率)/(1 - 税率) \tag{1-1}$$

上式就是用来计算产品价格的公式。

产品成本根据在生产过程中所起的作用可分为固定成本和变动成本两大类，这两种成本均对产品的价格产生直接影响，下面分别对其进行简略分析。

1. 固定成本的影响

固定成本是指总额在一定时期、一定产量范围内，不随产品数量变动而变动的那部分成本。如厂房和设备的折旧费、租金、管理人员的工资等，在一定产量限度内，这些费用在每一个生产期间的支出都是比较稳定的，它们将被平均分摊到产品中去，不管产品的产量如何，其支出总额是相对不变的。实际上，在特定的生产经营期间和产量范围内，企业的固定成本总额虽然不随产量变动而变动，但单位产品上分摊的固定费用却随产量的变化而变化。产量越多，单位产品分摊的固定费用就越少；反之，单位产品分摊的固定费用就越多。因此，企业可以采用压缩固定成本总额或增加产量的方法来控制固定成本。

2. 变动成本的影响

变动成本是指成本总额随产品数量的变动成正比例变动的成本，主要包括原材料、燃料、计件工资、直接营业税等。变动成本的总额虽然随产量的变化而变化，但单位产品的变动成本却是相对稳定的，不随产量而变动。有些产品，由于大批量生产，原材料、燃料、动力消耗等可以得到综合利用，故单位产品的变动成本反而会随产量的增加而有所降低。一般情况下，只能通过控制单位产品的消耗量才能达到降低单位变动成本的目的。

产品成本制约着产品价格，而产品价格又影响到市场需求、竞争等因素。因此，从这个角度来说，产品成本应越低越好。由于产品成本在一定的生产规模基础上会随产量的增加而相应降低，所以，企业可以通过发挥规模经济效应增加产量，降低成本，从而达到降低产品价格，刺激需求，实现企业经营目标的目的。

二、供求关系

商品价格在不同程度上受到供求关系的影响，在自由价格的商品交易中，价格受供求关系的影响更大。供大于求，商品价格就会下降；供不应求，商品价格就会上涨。所以说商品的供求状况调节着市场价格的高低，驾驭着商品价格的起伏。反过来，商品价格也对市场上的商品供求产生调节作用。价格上涨时，需求量下降；价格跌落时，需求量上升。也就是说，商品的价格和市场的供求互相制约。因此，在制定价格时，既要考虑产品需求的弹性，又要照顾到市场供求的变化，价格既不能过高，也不能过低。价格过低，销售量虽然增大，利润总额却随单位产品利润的下降而减少；价格过高，产品的单位利润虽然增大，但利润总额同样会因销量的减少而下降。所以，一方面企业产品的价格不应超过同类产品的市场价格，否则将失去竞争能力，销量下降；另一方面，价格也不能低于生产成本，否则，产品生产过程中的各种消耗就得不到足够的补偿，导致企业的生产经营活动难以维持。

三、竞争关系

当前，在自由竞争的情况下，几乎每种产品都会遇到竞争对手，产品的供给会因竞争的强弱而相应地减增，并引起市场价格的下跌或上涨，而价格的起落又反过来决定市场竞争的强度，从而影响供给的增加或减少。因此，产品价格不仅取决于产品成本和市场供求，而且还取决于竞争对手的产品对市场的分割程度。就企业而言，产品价格的上限取决于同类产品的市场价格，下限取决于产品成本，但在两个界限之间价格究竟应为多少，并非由企业随心所欲地制定，而是要受到竞争对手的产品价格的制约。只有在全面了解了竞争对手的状况之后，企业才有可能制定出适当的价格。由此可见，竞争是制约企业产品定价的又一个重要因素。

市场竞争说到底是产品价格、质量和品种的竞争。企业在制定产品价格时，除考虑上述几种主要影响因素之外，还要考虑产品的售后服务、货币流通量和政府的有关物价政策等因素。另外，国家制定的有关税收、信贷、利率等金融政策，也同样会对商品的价格产生影响。

第三节 定价目标与定价方法

一、定价目标

定价目标是指企业产品价格实现后应达到的预期目标。企业在具体作出价格决策之前，需首先确定定价目标，只有当定价目标与企业经营目标协调一致时，才能使价格决策达到预期的目的。由于在价格制定时考虑的因素很多，因而，定价目标也不一样。一般说来，不同的企业对不同的产品在不同时期有着不同的定价目标。

1. 以获取最大盈利为目标

获取最大盈利是企业追求的重要目标之一。但是，企业追求最大盈利并不等于追求最高价格。因为，当产品价格上升时，产品的销售量会相应减少，最终导致销售收入的降低，使企业盈利总额下降。所以最高价格并不一定是企业达到最大盈利的良策。

企业追求最大盈利应从两个方面考虑：首先，最大盈利应以企业长期稳定的总盈利为目标。企业应保证其产品定价必须为用户所接受，如果产品价格定得过高造成滞销，不仅追求最大盈利成为空话，而且会对企业的生存构成威胁。由此可知，只有当企业的产品在市场上处于绝对优势时，如拥有专卖权或产品的信誉对用户有相当的影响力时，企业才可采用高价策略，以便尽可能在短期内获取高额利润。其次，最大盈利应以企业整体效益为评价基准，如企业的某种产品进入一个新的市场，或企业向市场投放某种新产品时，为了尽快吸引用户，打开销路，企业可采用低价策略，有时为了提高市场占有率，在国家有关法律的范围内，甚至采取亏本策略，其目的都是为了压倒竞争对手，用短期的损失换取长期的盈利。

2. 以获取投资收益率为目标

投资收益率是指预期收益占投资额的比重。投资收益率反映着投资效益。为此，定价时一般在总成本外加上一定比例的预期收益。预期投资收益率越大，产品价格越高，投资回收期也就越短，否则相反。确定投资收益率应遵循以下原则：投资收益应大于银行存款及其他有价证券的利率，投资收益应高于国家规定的投资收益指标。以投资收益率为定价目标，企业应具备一定的优越条件，如企业在该行业中处于主导地位或是产品属于独家经营，竞争对手无法与其抗衡，这样，企业才能达到其定价目的。

3. 以提高市场占有率为目标

市场占有率是企业经营效果和产品竞争能力的综合反映。市场占有率的高低表现出该企业对市场需求和产品价格的控制能力，它是企业追求长期盈利的可靠保证。提高市场占有率比获取短期高额盈利更有深远的意义。

4. 以保证稳定价格为目标

当企业具有充分的后备资源和可观的产品产量，并打算长期在某一领域内经营，需要有一个稳定的市场时，可采用此种定价目标。

5. 以应付或防止竞争为目标

几乎所有企业对价格竞争都极为敏感。因此，在制定产品价格之前，大多数企业都要广泛地收集资料、详细研究，将本企业的产品和竞争对手的产品加以认真对比之后，再慎重地作出价格决策。一般采用如下方式：

1）以低于竞争对手的价格出售产品。

2）以与竞争对手相同的价格出售产品。

3）以高于竞争对手的价格出售产品。

实际中企业究竟采用哪一种定价方式，则要看企业的具体情况。如果企业实力很强，具有充足的资源和独特的技术，产品质量优良，在顾客中享有很高的声誉，则可采用高于竞争对手的价格出售产品，以获取较高的利润。而实力较弱，资源和技术等有限的企业，只能采用低于竞争对手的价格或最多与竞争对手相同的价格出售产品。采用此种定价方式，企业应抓住同行业对产品价格最有影响力的企业为目标，一般自己先不对价格进行调整，而是根据主要竞争对手的价格变动，结合本企业的具体情况采取适当的对策，以应付同行业间的竞争。

二、定价方法

企业为了实现其定价目标，就应采用适当的定价方法，为本企业生产的产品制定一个基本价格，并在此基础上根据市场供求情况进行相应的调整。由于制约价格的因素主要有产品成本、供求关系和市场竞争，因此，可根据这三个因素相应地采用如下三种定价方法。

1. 成本导向定价法

这种方法就是以单位产品的成本为基础，加上一定的利润来确定产品的价格。其理论依据为：企业若想维持简单的再生产，就必须从产品销售收入中补偿其产品生产过程中的全部耗费；若想扩大再生产，则销售收入扣除全部支出（含税金）后应有一定的余额。这样，企业才可建立扩大再生产的各项基金，以便发展生产。综上所述，这是按产品的买方意图制定产品价格的一种方法。具体细分为以下几种：

（1）成本加成定价法　成本加成定价法就是以单位产品的总成本为基础，然后加上企业所期望的预期利润来确定单位产品的价格。产品售价与成本之间的差额称为加成数，这是目前企业广泛采用的一种定价方法。其计算公式如下：

$$单位产品价格 = 单位产品总成本 \times (1 + 加成率) \tag{1-2}$$

式中，加成率为预期利润占产品总成本的百分比，即成本利润率。若考虑产品售出后应上缴的销售税金，则上式可变为

$$单位产品价格 = [单位产品总成本 \times (1 + 加成率)] / (1 - 税率) \tag{1-3}$$

例如：某产品单位成本为1200元，预期利润率为20%，销售税率为5%，则单位产品的销售价格为：

$$销售价格 = [1200 \times (1 + 20\%)] / (1 - 5\%) \approx 1516 元$$

成本加成定价法的主要优点是计算方便、简单易行，因为它是以单位产品的总成本

为加成依据，所以，不仅可以保证企业获取正常的盈利，而且还可以平衡顾客的心理，使顾客产生一种信任感，容易接受这种定价。另外，若同行业内各企业均采用这种定价方法，只要产品的成本和加成数大体相似，则产品的价格也相差无几，这也可避免激烈的价格竞争。但这种定价方法也有很大弊端：一是企业定价时只着眼于产品成本而忽视市场需求，制定的价格很难适应复杂多变的市场竞争；二是由于未考虑产品的销售量，以及加成率很难准确预测，导致制定的价格也未必被顾客所接受。因此，该定价方法一般在卖方市场条件下较为适用。

(2) 目标利润定价法 这种方法又称为目标收益率法或资金利润率法。企业先根据投资总额确立一个目标利润率，并按目标利润率计算出目标利润额，然后再按成本确定产品价格。其计算公式如下：

单位产品价格 = [固定成本总额 + 投资总额 × 目标利润率 + 变动成本总额] / 预计产品销售量
　　　　　　 = (固定成本总额 + 目标利润额) / 预计产品销售量 + 单位产品变动成本　　(1-4)

例如：某企业新建一条生产线，总投资 200 万元，年生产 20 万件，生产期间预计生产固定费用总额约 60 万元，单位产品变动成本约为 10 元，若该企业期望每年获取 20% 的投资利润，则单位产品价格应为：

$$价格 = (600000 + 2000000 \times 20\%)/200000 + 10 = 15 \text{ 元}$$

目标利润率定价法的主要优点是：着眼于企业的总体收益，以便保证实现企业既定的目标利润。但是，这种定价方法也存在着很大缺陷。首先，产品销量不同，单位产品分摊的固定成本和投资利润也不同，从而使不同销量下的单位产品价格也不一样。其次，销售量是预先估计的数字，不一定符合实际情况，特别是对某些新开发的产品，其销售量更难预测，而销售量预测不准，就会导致产品价格失真。特别是对某些需求弹性较大的产品，问题更为突出。然而，这种定价方法对垄断性较强、产品关系到国计民生的企业很适用。

(3) 盈亏平衡定价法 该方法就是按照销售收入和总成本平衡的原则来制定产品价格。因为两者达到平衡时企业既不盈利，也无亏损，处于收支平衡状态，所以这种方法又称保本定价法。其计算公式如下：

保本价格 = 固定成本总额 / 盈亏平衡点销量 + 单位产品变动成本　　　　(1-5)
盈亏平衡点销量 = 固定成本总额 / (保本价格 − 单位产品变动成本)　　　(1-6)

根据以上公式，可计算出不同销售量对应的保本价格。这样，一方面可使企业预先估计出对不同销售量应采取何种价格才不致于亏损；另一方面，也可以对价格和销售量进行科学的预测，可预见出不同销售趋势下应采取何种价格对策，或在价格既定情况下，应力求达到哪一个水平的销量才不会产生损失，并预见盈亏变化趋势。

若企业在保本价格上加上预期盈利，即为实际售价。其计算公式为：

实际价格 = (固定成本总额 + 预期盈利总额) / 盈亏平衡点销量 + 单位产品变动成本

(1-7)

保本价格是保证企业不发生亏损的最低限价，实际价格是企业实现预期盈利的可行价格。如果产品销售状况不佳，企业可在实际价格和保本价格之间进行价格调整。但应指出的是，保本价格下的销售量是否能够全部实现是此定价方法的关键。若实际销量远远低于保本点销量，这种定价方法就失去了意义。所以，产品销量预测是否准确是该种定价方法成败的关键。

2. 需求导向定价法

需求导向定价法的着眼点在于市场需求，即根据用户对产品价值的理解和区分需求来制定价格。一般可分为以下两种形式：

（1）理解价值定价法　此种定价方法是先不考虑产品的实际价值，而是根据用户在心理上对产品的感受价值或理解价值为基础来制定产品的价格。一般来说，用户在购买商品时总会在同类商品中进行对比，选购既能满足其需要，又能在价格上觉得心里比较平衡的商品。由于用户对产品价值的理解程度不同，会形成不同的价格水准。对于销售者来说，此水准应成为用户不愿放弃购买机会的价格。

这种定价方法的关键在于企业要正确估计用户的理解价值。为此，定价之前，企业需进行周密的市场调研，准确判断用户的理解价值。

（2）区分需求定价法　这种定价方法是根据市场需求强度和用户的不同反应来分别确立产品的价格的。具体地说，就是对不同用户、不同产品，可按不同地点、不同时间制定不同的售价。

实行区分定价应具备如下前提条件。首先，应根据需求差异搞好市场细分，并且各细分市场的需求差异要相对明显。其次，细分后的市场应在一定条件下相对独立，不受干扰。

3. 竞争导向定价法

这种定价方法的特点是，企业制定的价格与产品成本和市场需求并不发生直接关系，而是着眼于竞争对手的产品价格趋势，不绝对要求与竞争对手的产品价格完全相同，但始终应和其保持一定的比例。竞争导向定价法主要有以下三种形式：

（1）随行就市定价法　即按本行业产品平均定价水准来制定产品价格，这是产品价格竞争中普遍使用的一种定价方法。其主要优点有：比较顺应人们的价值观念，可被认为是合情合理的价格，易于被接受；采用行业内的通用价格，便于处理同行之间的关系，易同竞争者和平相处，减小竞争风险；当企业难以核算产品成本，并对用户和竞争对手的反应难于作出准确的估计时，采用此种方法定价，可较客观地反映商品的价值和供求状况，使企业顺利地获取合理的收益。

（2）投标定价法　此种定价方法是企业根据竞争对手可能提出的定价以及自身的盈利情况而确定投标报价的，主要用于合同承包。制定投标价格的目的是为了中标，而能否中标在很大程度上取决于企业与竞争对手投标递价的比较。因此，投标报价时应尽可能地摸清竞争对手的递价水平。然后，在准确估计完成招标任务所需费用的基础上，制定最佳报价。

（3）竞争价格定价法　该定价方法并不以同行业平均价格水准为基础，而是根据市场情况主动地制定竞争价格的。此方法一般适用于实力雄厚，产品独具特色，具有垄断性的产品生产企业。采用此种定价方法，企业制定的产品价格可能高于、等于或低于竞争对手的产品价格。因此，企业应随时将自己的产品与竞争对手的产品相比较，找出产生价格差异的原因，并密切注视竞争产品的价格动向，及时调整价格。

第四节　定价策略

企业制定产品价格时，除参照上述定价方法外，还应结合某些定价策略，在综合考虑制约价格的基本因素和有关其他因素的基础上，灵活机动地运用各种定价方法，作出最佳的价格决策，以实现其定价目标。一般，企业常用的定价策略有如下几种：

一、新产品定价策略

1. 取脂定价策略

该方法指在新产品投放市场之初，将价格定得很高，尽可能在产品生命周期的前期获取高额利润，早些收回投资。这种定价策略如同从鲜奶中撇取奶脂，故称之为取脂定价策略。

采用此种定价策略的优点在于：一是因为新产品有其独特之处，用户出于求新和猎奇心理，对产品的理解价值较高，所以，此时企业采取高价策略并不会引起用户的反感，有利于企业尽快开拓市场；二是这种价格策略本身留有一定的余地，当用户感到产品价格过高时，企业可主动逐步降低价格，企业也可通过此手段打压竞争对手。当然，这种定价策略也有很大的弊端：其一是由于过高地奢取利润，使产品价格远远高于其价值，损害了用户的利益；其二是在高价的抑制下，产品销路不易扩大；其三是在厚利的诱发下必然会迅速招来竞争者。可以说这是一种短期效益定价策略。

2. 渗透定价策略

这种定价策略是指新产品进入市场时，将价格定得较低，根据薄利多销的原则，使产品尽快地被用户所接受，迅速占领市场。此种定价策略的优点在于：通过低价，企业尽可能快地打开产品销路，即使市场已被他人率先占领，企业仍可采取渗透价格挤入市场并迅速扩大市场的占有率；另外，低价不仅可以在竞争中抢得市场，而且便于企业长期稳固地占领市场。虽然低价会使单位产品的创利额降低，但由于薄利多销，仍会使企业的整体效益增大，所以，这是一种长效策略。它的主要弊端是投资回收期较长，价格回旋余地较小。

二、心理定价策略

心理定价策略就是在制定产品价格时，运用心理学的原理，按不同类型用户的求购心理来制定价格。主要有以下五种：

1. 整数定价

指采取合零凑整的方式制定价格。如将价格定为 3000 元，而不是 2670 元。当价格上升到较高一级的档次，用户会产生"一份价钱一份货"的感觉。此种方法提高了产品的形象，可使用户迅速作出购买决定。该方法一般适用于高档耐用消费品。

2. 奇数定价

指有意保留价格尾数，采用零头标价的方式制定产品价格的方法。如宁取 19.8 元，而不取 20 元，使价格保留在较低一级的档次。这种定价策略会使用户认为产品价格经过精心计算，对用户负责，使用户产生信任感和便宜感，从而利用用户的求廉心理，达到企业的促销目的。该方法一般适于单价较低的消费品。

3. 声望定价

指针对用户仰慕企业或产品声誉的心理，较高地制定产品价格的方法。虽然其价格比其他企业同类型产品的价格偏高，但用户是慕名而来，仍不会使销量下降。一般情况下，购买声望定价商品的用户大都注重心理需要的满足，企业便可利用其良好的整体形象和较高的产品质量针对这类购买心理采取声望定价。

4. 习惯定价

指按用户习惯的心理价格制定产品价格的方法。此类产品的销售价格应力求稳定，因价格稍微提高便会引起用户的不满，价格偏低又会使用户猜疑是否货真价实。如因原材料价格变动或其他原因需调价时，应采取改换包装或品牌等必要的措施，以便顺应用户的心理状态。

5. 招徕定价

指企业根据用户求廉的心理，有意将某些产品临时以低于正常的定价出售，或在有利时机举行酬宾大减价等促销活动，以此来吸引用户，达到产品销售目的的方法。其优点是：因临时降价，用户会感到机会难寻，本来平时无购买意图的用户也可能产生冲动性的购买行为；另外，可以同时增加其他商品的连带性销售，表面上是卖方吃亏，而实际上却占了大便宜。

三、折扣定价策略

1. 现金折扣

指企业对在规定期限内支付货款的用户按原价所给予的一种优惠的方法。如交易条件规定：2/10、1/20、全/30，其含义为，在10天之内付款，给予2%的现金折扣，即用户只须付原价的98%；如果在20天内付款，给予1%的折扣，用户只须付原价的99%；30天内付款则须全额支付。现金折扣的实质是变相降价赊销，目的是为了激励用户在一定期限内早日结算货款，以便加速企业流动资金的周转，并使企业避免坏账呆账的风险。

2. 数量折扣

指企业对购买产品达到一定数量的用户所给予的一定折扣的方法。一般，购买量越多，享受的折扣就越大。数量折扣的优点为：由于长期用户增多，企业可准确地预测销量，便于组织生产，薄利多销，占领市场。

3. 功能折扣

功能折扣又称交易折扣，指企业根据各类中间商在市场营销中所担负的不同功能给予不同的价格折扣的方法。其目的是利用价格折扣激励各类中间商充分发挥各自的功能。中间商发挥的功能越多，其折扣率也越大。

4. 季节折扣

指生产季节性产品的企业，对产品销售淡季前来订货的用户给予的折扣优惠的方法。目的是激励中间商和用户提前采购，减轻企业的仓储压力，并使企业在淡季也可组织生产。

5. 推广折扣

推广折扣也称推广让价，指企业对中间商为推广产品所进行的各种推销活动所给予的价格折让的方法。如中间商在宣传新产品时，可能采用刊登广告、举行产品产销会等促销手段，生产企业为了对其表示答谢，给予一定的津贴，或减让一部分产品价格的方式作为酬劳。这种方法在新产品推广时最为实用。

6. 分期付款

分期付款实际上也是一种折扣形式，它是指企业对赊购产品的用户给予价格优惠的方法。采用分期付款，可为一次性支付能力不足的用户购买商品创造机会。采用此种方法可以大大促进产品的销售，但应注意的是，分期付款的期限不能太长，否则，企业容易产生坏账损失。

模具作为一种特殊的产品，其价格往往随行就市、协商定价。当前，由于各模具生产企业的定价目标、定价方法和定价策略不尽相同，同样一副模具其价格差异很大也就不足为奇了。学习产品价格的基本知识，掌握了一些定价方法和定价策略，相信对准确、合理地估算模具价格一定会有很大的帮助。

第二章 模具价格概述

制品生产过程中,通过压力把金属或非金属材料制成所需形状的零件或制品,这种专用工具称之为模具。当今,模具是生产各种工业产品的重要工艺装备,现代工业中60%~90%的产品要靠模具生产。随着现代工业发展和产品更新换代周期急剧缩短,模具的需求量大幅度增加,我国模具工业产值已紧随美国、日本之后位列世界第三。另一方面,我国对国外先进模具技术的不断消化吸收,以及先进加工手段和CAD/CAE/CAM/CAPP/CIMS普遍应用,我国模具工业水平与国外的差距愈来愈小,模具出口业务也日益增多。规范模具价格计算办法,准确计算模具的价格,不仅可以促进我国模具行业健康发展,而且有助于提高我国模具制造业的国际市场竞争力,它是模具供需双方都十分关心的重要问题。

模具价格是其价值的货币表现,科学、合理、迅速地计算和评估模具的价格,是正确体现模具自身价值的重要手段,也是产品开发商急于了解的重要信息。本书以中国模具工业协会《模具计价手册》为主线,在广泛调研多种模具生产企业的基础上,总结出了几类模具价格的估算方法,这将为模具报价提供可靠基础,也可以为各类模具价格评估提供计算依据。

应该指出的是,模具报价和模具计价有相当程度上的不同,模具计价是模具报价的重要依据;而模具报价是一项集技术、经验和市场信息于一体的综合性工作,涉及面十分广泛。

第一节 模具生产过程

模具的生产过程包括以下几个环节:

1. 技术开发过程

模具的技术开发包括制件成形工艺分析及模具结构设计等过程。模具的开发有两种方式:

1) 根据客户提供的完整CAD(2D或3D)产品图样进行模具价格估算、设计和制造。

2) 用户自己设计模具或委托专门设计公司设计模具,模具制造厂家按照用户提供的设计图样仅进行模具制造。

2. 坯料准备与外协准备过程

专业化生产方式是现代工业生产的重要特征,模具结构确定后,应尽可能考虑购买标准件或采用外协加工,缩短模具交货时间。

坯料准备是为模具零件加工提供相应的坯料。模具材料的选用原则是:制件生产批量小的模具用廉价材料、易熔材料,如低熔点合金、铸铁、球铁、铝、预硬钢以及含有增强填料的塑料等。制件生产批量大的模具,多采用高耐磨材料,如各种合金工具钢、高速钢、硬质合金等。一副模具中不同功能的模板,所选用的材料也可能不同。

3. 加工制造过程

加工制造过程一般包括机加工、电加工、钳加工、试模等过程。加工过程中根据加工工艺安排,有时要对材料进行热处理。钳加工包含型腔表面抛光处理、修模、模具的装配等。试模一般是必不可少的步骤。在加工过程中或加工完成后有时还要对加工精度进行一些特殊的检验。

4. 后续过程

后续过程包括包装、运输、售后服务等。

第二节　模具设计与制造特点

模具是工业生产中使用极为广泛的主要工艺装备，是当代工业生产的重要手段和工艺发展方向，许多现代工业的发展和技术水平的提高，在很大程度上取决于模具工业的发展水平。模具的设计与制造应遵循模具本身的规律，适应当前工业生产的大发展，其设计、制造及加工的方法均有很明显的特点。由于许多先进的设计、加工技术普遍采用，模具工业已经呈现出许多新的特点，这些直接影响了模具的价格。

一、模具设计特点

使用模具进行生产的目的在于保证产品质量，提高生产率和降低成本，在设计模具时应根据实际情况作全面的考虑，即应在保证制品质量的前提下，选择与制品生产量相适应的模具结构和制造方法，使模具成本降低到最低限度。

1）模具属单件小批量生产，每一副模具的设计都是一次高智能的劳动，无重复性。

2）设计的模具要充分考虑制品特点，尽量减少后续加工。

3）以最低成本满足制品的各项技术要求和生产纲领。

4）尽量选择标准件以便缩短模具生产周期，降低其制造成本。

5）设计时要考虑试模后的修模方式，应留有足够的修模余地。

6）设计的模具零件应当耐磨、耐用。

7）随着计算机技术的普及，模具结构设计、3D 造型、二次开发的专用模具设计 CAD 软件、根据样品反求测绘（逆向工程）、自动加工编程以及工艺 CAE 分析模拟、厂内局部网络技术已得到广泛应用，采用 CAE 软件仿真确保模具设计的一次成功率和减少后续修模调试工作量已逐渐被企业所接受。模具的设计已由经验设计阶段向理论计算设计阶段转变，并逐步成熟起来，给模具的设计带来了广阔的前景。

二、模具制造特点

模具制造也属机械制造的研究范畴。由于模具制造难度较大，它与一般机械制造相比，有许多特殊性。

1）模具制造不仅要求加工精度高，而且还要求加工表面质量好。一般来说，模具工作部分的制造公差应控制在 ±0.01mm 以内，有的甚至要求在微米级范围内。模具加工后的表面不仅不允许有任何缺陷，而且工作部分的表面粗糙度 Ra 都要求小于 $0.4\mu m$。

2）模具在制造过程中，某些工作部分的结构和尺寸必须经过试验后才能确定，其制造具有较高的成套性。

3）模具实际上相当于一种机械加工工具，其材料硬度要求较高，一般都是用淬火工具钢或硬质合金等材料制成，若用传统的机械加工方法制造，往往十分困难。

4）模具生产周期一般较长，每制造一副模具，都必须从设计开始，大约需要一个多月甚至几个月的时间才能完成，成本相对较高。尤其是一些大、中型和精密模具，更具技术密集、资金密集和劳动力密集等特点，其生产周期更长。

5）模具的工作部分有很多二维或三维的复杂曲面，而不是一般机械加工的简单几何体，有许多加工工作在目前还只能由钳工完成，人为影响因素较多。

6）模具生产是典型的单件生产，故生产工艺，管理方式都具有独特的特点。

三、模具的加工方法

将金属材料加工成模具的方法主要有机械加工、特种加工、塑性加工、铸造和焊接等。

1. 机械加工

机械加工是模具制造中不可缺少的一种重要的加工方法。即使是用其他加工方法制造模具，也需要用切削或磨削加工来完成某些工作，如模架加工、模坯加工、模具型面加工以及孔类加工等。

机械加工的明显特点是加工精度高、生产效率高，而且用同一机床和工具可以加工出不同形状和尺寸的工件。但是，用机械加工方法加工复杂的工件形状时，其加工速度很慢，有些材料也很难加工，并且模具材料的利用率不高，还要求有熟练的操作工人。尽管如此，在模具制造过程中，机械加工仍然是主要的加工手段。

2. 特种加工

特种加工是有别于传统机械加工方法的非传统加工方法。从广义上来说，特种加工是指那些不需要用比工件更硬的工具，也不需要在加工过程中施加明显的机械力，而是直接利用电能、化学能、声能、光能等来除去工件上的多余部分，以达到一定的形状、尺寸和表面粗糙度要求的加工方法，其中包括电火花成形加工、电火花线切割加工、电解加工、电化学抛光、电解磨削、电铸、化学蚀刻、超声波加工、激光加工等。

特种加工相对于传统的机械加工，有如下特点：

1）加工情况与工件的硬度无关，可以实现以柔克刚。
2）工具与工件一般不接触，加工过程不必施加明显的机械力。
3）可加工各种复杂形状的零件。
4）易于实现加工过程自动化。

正因为特种加工有上述这些特点，特种加工在模具制造中越来越广泛地得到应用，并成为模具加工中的一种重要方法。

3. 塑性加工

塑性加工主要是冷挤压制模法，即将淬火过的成形模（原阳模）强有力地压入未进行硬化处理的模坯（钢或其他软质材料）内，使原阳模的形状复印在被压的模坯上，制成所需要的模具工作零件。

冷挤压制模法所成形的模具完全不需要再对型面进行精加工，它制模速度快、省料，可以制成各种复杂型面的模具，且形状精确，利于用一套原模制作多副相同模具。冷挤压制成的型腔，材料纤维未被切断，金属组织更为紧密，型腔强度很高。

4. 铸造

对于一些精度和使用寿命要求不高的模具，可用简单方便的铸造法快速制成。

（1）铸铁　像加工汽车外壳等大型且形状不规则的模具，一般都用铸造方法制成。

铸铁模在制造上的优点是，可以很容易地铸出复杂的形状，尺寸不受限制，便于进行机械加工，而且价格低，润滑性好，粘附少。它的缺点是耐磨性差，精度差。

（2）锌基合金　锌基合金是一种用铸造法制造简易模具的典型材料，其熔点低，可铸性好，所以铸造精度相对较高，而且还具备像软钢一样的强度、耐磨性和润滑性。该制模方法多用于试制和小批量生产的场合。

为了适度提高快速制模的质量和使用寿命,可用导热性和耐久性较好的铍铜合金代替锌基合金。铍铜合金主要用于生产批量较大而又细微的复杂模具,但价格较高。

(3) 合成树脂　铸造法制模也有用合成树脂的,主要有酚醛树脂、聚酯树脂和环氧树脂等。

合成树脂模具的优点是容易快速成型,轻而不锈,复制和维修都比较简单。但耐磨性差,遇热变形大,且强度不高、易疲劳老化。

5. 焊接

焊接法制模是将分散加工好的模块焊接在一起,形成所需的模具。这种制模方法与整体加工方法相比,加工简单、快速、省料、尺寸大小不受限制,但精度难以保证,易残留热应变及内应力,承受冲击的能力差。其主要用于精度要求不高的大型模具的制造,或是用于模具的修复。

第三节　模具价格的构成

一、模具价格的基本构成及计算公式

如前所述,商品的价格一般由产品成本、流通费用、税金和利润四部分构成。模具也是商品,但它与在市场上流通的一般商品不大相同,往往都是由模具制造与使用的双方直接定价成交。模具的基本成本应由以下几部分组成:材料费、制造费、技术开发费(俗称设计费)、管理费和其他费用等。于是,模具的销售价格可表达成

$$P = M_1 + M_2 + M_3 + D + Q + R + T \tag{2-1}$$

式中　P——模具销售价格(Price),即模具的总价格(含税收价);

M_1——材料费(Material cost),包括原材料费及所有外购件的价格;

M_2——制造费(Manufacturing cost);

M_3——管理费(Management cost);

D——技术开发费(Development cost);

Q——其他费用,如运输费、售后服务费、差旅费等由合同规定的费用;

R——利润(Return);

T——税金(Tax)。

其中前4项构成模具生产成本 P_C(不含利润、税金),即

$$P_C = M_1 + M_2 + M_3 + D \tag{2-2}$$

这样式(2-1)也可写成:

$$P = P_C + Q + R + T \tag{2-3}$$

二、各项费用的分解

1. 材料费

$$M_1 = m_{11} + m_{12} + m_{13} + m_{14} \tag{2-4}$$

式中　m_{11}——模具坯料费;

m_{12}——各种辅助材料费;

m_{13}——辅助部件购入费;

m_{14}——模具标准件费。

2. 制造费

$$M_2 = G_a + M_{HT} + U + E \tag{2-5}$$

式中 G_a——加工工时费,或称制造工费;

M_{HT}——热处理费(Heat treatment cost),其收费计算主要考虑按吨位和热处理方式,附录中资料可以作为参考;

U——试模费,一般以 3 次为限,含设备使用费、试模材料费、运输费。由于此项费用计算方法和一般机加工不同,也可将其划分归入"其他费用"类,或单列一类;

E——外协加工费。

制造工费 G_a 可按下式计算:

$$G_a = m_{CM} + m_{CNC} + m_{EDM} + m_{WC} + m_{GR} + m_O \tag{2-6}$$

式中 m_{CM}——常规机加工费;

m_{CNC}——CNC 机床加工费;

m_{EDM}——电火花成型加工费;

m_{WC}——线切割加工费;

m_{GR}——磨削加工费;

m_O——其他加工费。

上述制造费用包括模具零件和专用工具(如电极等)的制造费。G_a 的特点是可以按工作小时数计算费用。

3. 技术开发费

$$D = D_1 + D_2 + D_3 + D_4 + D_5 \tag{2-7}$$

式中 D_1——模具结构设计费用,包括成形工艺分析与模具结构设计费用;

D_2——产品和模具 3D 造型费;

D_3——CAM 编程费用,当前许多软件都提供了自动 CAM 编程及其模拟加工功能,但 CAM 工程师的经验对于选择合理的加工方式、加工参数等仍起重要作用,本书将其列入开发费;

D_4——检测费(包括根据样品反求测绘费和试模样品检测等);

D_5——计算机辅助工艺分析与成形过程分析。

需要指出的是,开发费是知识、经验、技术含量和工作量的综合体现。凡属国内首创、进口模具国产化,或者模具开发中运用了必需的新技术、新工艺、诀窍等,则技术开发费就高;开发某一相同或系列产品的第一副模具时,技术开发费用应该较后续模具高一些,因为模具厂家承担了较大的风险并付出了较多的创造性劳动。

目前,一般取制造工费的一定比例计算技术开发费 D,在有充分原始积累数据的基础上,对类似模具的开发也可按照技术开发费的各项项目累计。

4. 管理费

管理费 M_3 包括管理摊派费用(即企业为管理和组织全厂生产所发生的各项费用)、商务费,以及其他间接费用等。M_3 的计算常采用材料费、制造费和技术开发费之和的一定比例计算。

5. 其他费用

这部分费用需由双方商定,以合同方式确定,如产品的测量与建模费、模具的包装运输费、售后服务费、风险费、不可预见费等。

6. 利润

总的利润为 R,定义成本利润率为 P_r(Profit Margin Rate)。利润率高低是各企业在细分市场的地位所决定的,当前,我国模具行业利润率一般在10%~30%之间。若采用独特工艺(包括新生工艺的采用),往往意味着大量的资本投资或者长期的知识积累、交叉知识的有效运用,其模具利润自然应偏高,各企业可根据市场的变化有针对性地自我调节。

7. 税金

税率由国家的法规确定,定义增值税率为 t_r(tax rate)。目前我国模具行业取17%,若材料费或劳务费是含税价,在计算税收时应予以扣除。

根据上述各项细分费用,总的模具销售价(含税价)为:

$$P = (M_1 + M_2 + M_3 + D + Q)(1 + P_r)(1 + t_r) - t_r(M_1 + E) \tag{2-8}$$

第四节　当前模具价格估算的方法

一、制订模具价格估算方法的基本原则

从模具价格构成的表达式中可以清楚地看出,模具的生产成本是模具价格的主要组成部分。此外,从模具价格构成的表达式中还可以明显地知道,模具用户针对某一欲制造的模具向制造商询问价格时,模具的制造商如果要依据上面公式中列出的各个成分逐项统计汇总然后报价,那将是非常困难甚至是难以做到的事情。对模具价格构成的各个成分逐项统计汇总,那只能是模具制造成功之后的结算,而要做到事前较迅捷准确地报价,不但要研究模具价格的构成,还要研究适应不同类型模具特点的不同的价格估算方法。制定模具价格估算方法应遵循以下原则:

1)估算方法应具有科学性,其主要来源于理论计算,对于从实践中统计出的数据必须经过验证才可选用。

2)估算方法应具有适应性,因时间、地点、生产条件、材料价格等发生变化而改变的计算数据,要做到与时俱进和因地制宜,条件不同模具价格理应存在差异。

3)估算方法应具有合理性、透明性和可解释性,使用时要实事求是地估算和选取本单位的相关数据。

二、当前模具价格估算的方法

1. 工时法

所谓工时法就是按模具制造工时计算模具价格的一种方法。

其原理是:将模具的总销售成本($P_C + Q$),或将总销售成本连同总利税($P_C + Q + R + T$),平均地分摊到企业的每一个实动工时中去,首先核算出单位工时的含金当量值,然后再根据某套模具的制造总工时来计算出该模具的销售成本或销售价格。

工时法主要依据模具制造全过程中所发生的总工时费用之和再加上原材料费、设计费、专用工具费、试模费及销售费而得出。该方法不完全考虑模具的体积大小,主要根据模具的规格、结构、精度的不同,通过对模具制造全过程的总工时的计算来估算模具的价格。该方法考虑到了影响制造总工时的主要因素(制件的外形尺寸、制件的复杂程度、制件的精度、模

具工作部位的表面粗糙度及模具的结构等），较为具体、合理，与模具的实际价格较为接近，应用范围较广，对小、中、大型冲压模具和型腔模具的价格估算很适用。它是本书重点采用的基本估算方法，该方法在各章节中具体分为：基点工时估算法、工时经验统计法、当量工时估算法。

2. 依据模具材料费估算模具价格法

以材料费为计算基数，考虑各种条件变化对模具价格的影响，多数情况下是在大量统计数据的基础上，经过理论推导和实例验证总结出来的价格计算方法。本书介绍的此类方法有按材料费比例（工料比法）估算法和按材料重量（重量法）估算法两种。

以材料费用或材料重量进行估算，此方法主要应用对象为加工工时与材料重量有大致对应关系的模具，较适于尺寸比较大、加工工时较多并难于估计的情况。大型模具（如汽车模具）的计价，常以重量法为主，综合系数的确定按照一定的表格选取。为保证模具估价的准确性，每次材料调价后，需重新测算计算系数，增强估价的科学性。

（1）工料比法 根据用户所需制件，或用户提供的模具设计图，或者模具制造企业设计的模具草图，模具制造者按照图样确定主要零件的材料、形状、尺寸、重量以及这些材料的市场价格，计算出该副模具材料的总价，再由模具材料费与模具制造费的一定比值关系计算出模具的价格，这就是工料比法。该方法的核心是模具复杂、精度要求高、尺寸大，则模具材料肯定讲究、指标要求高、热处理难度大、制造费用高，这样，模具的生产成本就必定大，导致模具价格提高，用公式表达为：

$$P_{cm} = K_m M_m \tag{2-9}$$

式中 P_{cm}——模具的生产成本（元）；

K_m——模具的工料比，其值见表2-1；

M_m——模具的材料费。该费用包括标准模染或自制模架费用，模具工作零件、模具结构零件的材料和热处理费用以及模具的其他标准件费用。

表2-1给出的工料比K_m值是一个范围，可以根据模具的小、中、大及简单、一般、复杂、精密等情况加以确定。如模具大而复杂或模具小而精密，K_m值就应该取上限；如果模具不是太小，复杂程度一般，用的材料较普通，K_m值就应该取下限。

表2-1 模具种类及工料比 K_m

模具种类		K_m	模具种类		K_m
冷冲压模具	冲裁模	4~6	橡胶模具	橡胶压模	3~6
	弯曲模	3~5		橡胶挤压模	3~8
	拉深模	4~6		橡胶注射模	5~10
	复合模	5~7			
	级进模	7~10			
塑料模具	压缩模	4~6	压铸模具	一般复杂程度	7~11
	传递模	5~7			
	吹塑模	4~9	锻造模具	一般复杂程度	3~7
	注射模	6~10			

按工料比计算模具的销售价格简单易行、较为方便，也同实际情况接近。然而，不足之

处是工料比数值取值较难把握，需一定的实际经验，并且估价人员要精通模具设计与制造知识。另外，如对模具的大小、复杂程度考虑不够细致，则一些精密或较复杂的塑料模、压铸模及多工位级进模的估价将有较大出入，这可根据实际情况给予修正。

(2) 重量法　所谓重量法就是按模具的重量计算模具价格的一种计价方法。

其原理是：如果仅将构成某副模具总销售成本（P_C+Q）的每个成分，按模具的重量而成比例地分摊到该副模具中去，这样所得到的模具价格就是该副模具的销售成本。具体内容详见第五章中、大型冲压模具价格估算部分。

按重量法估价时主要依据模具轮廓尺寸所包容的体积，再考虑该体积的重量系数以及制件形状、精度和模具结构、材料等因素，在还未做出正规的模具装配图时就能方便、迅速地把模具的价格估算出来。但该方法仅重点考虑模具的体积大小，对同类型、同外形尺寸，不同结构和精度的模具考虑还不够细致和深入，准确性不高。

中、大型冲压模具种类较多，轮廓尺寸大，并且多有复杂的三维曲面，模具的精度和表面粗糙度要求较高，对其加工和检测的难度很大，按照国内模具企业的调查统计显示，重量法方便、实用，较适合中、大型冲压模具的价格估算。

3. 类比法

本书介绍的类比法与现行的普通类比法不同，该类比法是充分利用现代技术，在已生产过的各种典型模具价格计算的基础上，建立模具价格计算机辅助计算信息库，用制件自身的主要技术参数在相同档位内进行类比，并按它们的比例关系进行快速逆运算计算出价格。这种类比法的计算准确度可保持与原模具的计算准确度一致，实际操作时可根据该方法创建的原理、公式和具体创建过程及使用条件，将原有计算表格改造成与其类似的快速逆运算表格，经过多副实际模具验证无误后，即可使用。

4. 成本法

成本法是将产品的生产分解为一系列阶段基本任务（可行性论证、产品定义、开发、生产、使用、售后服务）的方式来分别计算，通过列出各项开支的详细清单进行估价。通过信息集成，模具开发前期的计价和周期预估要和后期生产、资金和人员安排密切挂钩。估算工序工时的方法常有如下几种：

1) 类比参考模具的各类加工工时台账。

2) 加工工时公式法，按照切削原理进行。

3) 间接估算法，例如某模坯厂，按照型腔加工的大小、精度、类型，将价格和加工时间分类建立数据库，估价时分级查询即可。

4) CNC 模拟法，如果模具型腔 CAD 模型已经获取，可以通过 CAM 软件仿真给出加工时间，在实际应用该法时，一般要将仿真所得加工时间乘以适当的经验系数才能符合实际。

这种方法从理论上说报价较为准确，但致命的缺点是需要在模具加工完成之后才能把价格算出来，影响了生产合同的签订，实际中较难实现，因此模具制造企业很少采用这种方法。

5. 其他一些估价方法

当前，在我国模具制造的企业大都有本企业一套模具估价方法，这些简单易行的方法是企业从多年来积累的大量估算过的模具价格中总结、提炼出来的，具有一定的代表性。但由于各企业的设备、技术水平、各种费用、地区差价等因素，加之这些估价方法缺乏科学理论依据，缺乏普遍性而难以推广。然而，这些估价方法快捷、简便，十分适合于模具业务洽谈的开始阶段。将这些估价方法列于下面，可供参考。

（1）依据模架价格估算模具价格法　为了缩短模具的生产周期，各地各企业都在大力推广使用标准模架。标准模架作为商品的出现是模具生产科学化、规范化的重要标志。标准模架具有下列优点：由于专业化生产，采用标准零部件的组合，模具质量稳定可靠；大大地缩短了整个模具生产的周期，从而加强了对产品更新的适应性，加强了产品的市场竞争能力，降低了整个模具的生产成本；给模具的维修带来了极大的便利。因此，应首先选择标准模架。

在型腔模具和小型冲压模具的价格洽谈中，可根据模架的价格估算出所设计模具的价格。该方法是从大量的生产实践之中积累、提炼而得到的，它的核心思想是模架的价格同模架的材料、结构形式、精度、尺寸大小成正比例变化，而塑料件和冷冲压件在选择标准模架时，模架必须满足制件的各项要求。复杂的制件，模架结构可能复杂一些；精度要求高的制件，模架的精度也相应高一些；制件尺寸大，模架尺寸也必定大。模架的价格同制件的精度、尺寸、复杂程度等密切地联系在一起。一些企业根据这种情况制定出了模具的销售价格，其公式如下：

$$P_j = K_j M_j \tag{2-10}$$

式中　P_j——依据模架价格估算的模具销售价格（元）；

　　　M_j——标准模架的市场售价（元）；

　　　K_j——复杂系数，其值见表2-2。

表2-2　依据模架价格估算的复杂系数 K_j

模具类型	结构复杂程度	K_j	模具类型	结构复杂程度	K_j
塑料注射模具	一般 较高	3~5 6~9	小型冲压模具	一般 较高	6~8 9~12

用模架价格估算模具价格，首先应能够根据制件的特点准确地选出标准模架，这样就能很快地把模具价格估算出来，十分简捷方便。当然，估价人员必须对模具的结构十分熟悉，能够准确选出合适的标准模架，否则，误差较大。

（2）依据模具工作零件的电加工费用估算模具价格法　随着工业生产的发展和科学技术的不断进步，高熔点、高强度、高硬度、高韧性的新型模具材料不断涌现，模具的结构也日益复杂、精巧，许多模具的工作零件只有用电加工才能完成。在模具生产中常用的电加工方法有：电火花成形加工、电火花线切割加工、电解加工和电铸成型等。

从生产实践中发现，模具的工作零件在采用电加工时，用于电加工的费用随模具工作零件的大小、复杂程度、精度要求、寿命长短而成正比例增加。这说明，模具的价格也必定对应着模具工作零件的电加工费用成正比例变化，用公式表示为

$$P_d = K_d M_d \tag{2-11}$$

式中　P_d——依据模具工作零件的电加工费用估算的模具销售价格（元）；

　　　M_d——模具工作零件的电加工费用（元）；

　　　K_d——复杂系数，其值见表2-3。

表 2-3　依据模具工作零件的电加工费用估算的复杂系数 K_d

模具类型	模具工作零件复杂程度	K_d	模具类型	模具工作零件复杂程度	K_d
塑料注射模具	一般 较高	5~8 9~13	小型冲压模具	一般 较高	6~10 11~15

对于其他种类模具可根据实际情况取 K_d 值。

该方法的核心是根据模具工作零件的电加工费来确定模具的销售价格。特点是快捷、方便，缺点是分类不细，对特殊结构的模具估算出的价格准确性差一些，但该方法作为模具业务洽谈时的粗略估价，有一定可取之处。

第五节　模具价格现状及发展方向

一、模具价格现状及存在的问题

随着我国社会主义市场经济的深入发展，模具也不可避免地作为一种商品在市场中流通。怎样科学地计算模具成本，合理地制定模具价格，关系到我国模具工业的前途和发展速度，甚至影响我国未来工业的进步。就目前我国模具价格而言，没有一个权威的、广泛适用的、普遍认同的模具价格计算方法，一般是模具用户同模具制造者简单商量，协议订价，人为因素影响很大，这就造成了我国模具的价格十分混乱。首先，我国模具工业的发展还远远落后于整个国民经济的发展水平，与国际模具工业的发展水平差距更大，这就造成了我国模具行业利润低、设备更新周期长、模具制造精度差、模具使用寿命不高，模具价格自然就上不去；其次，我国的模具工业发展不平衡，沿海一带企业同内地企业比较，无论是从设备、经营方式上，还是在价格计算方面都先进很多；再则，我国当前处于国有、集体、私有企业共同发展阶段，其制造水平、纳税情况、管理体制和经营作风均有很大不同，最终造成了模具价格相差悬殊。从以上分析的现状中不难发现，在模具价格计算中存在如下问题：

1) 模具的标准化与专业化生产开展不够，全国生产模具的企业设计水平、加工技术差距较大，对模具标准件的选用还没有达成共识，模具的设计费、材料费、加工费在不同的企业有不同的计算方法，结果导致模具价格十分混乱。

2) 由于全国的模具生产厂家情况不同，有的属专业生产厂家，而大多数属产品厂的附属分厂或车间，因而税收也有所不同，而税收是影响模具销售价格的一个极重要因素。

3) 我国是一个大国，地区之间的价格差异也是影响模具价格的一个重要因素。

4) 在模具价格的构成中，模具的加工费约占整个模具生产成本的 70%~80%。各个企业由于采用不同的加工设备和加工方法，加工工时各不相同，更难办的是单位工时平均含金额是依据各企业情况由上一年度自行测算，其数值并非即时数值，这些问题都使得模具的价格计算很难有一个统一标准。

5) 对模具行业的特点认识不足，没有给予应有的重视，时至今日，社会上仍有"模具不过是一种半手工业劳动"的偏见，忽略了现代模具生产是人才、技术和资金高度密集的行业，模具价格中应含有很高的技术价值。

6) 对模具成本计算方法了解不全面、不深刻。一些企业为了能接到模具订单，不惜放弃质量、寿命等要求，竞相压价，造成模具价格严重失衡。还有，制造者和用户对模具价格认识上差异很大，比较难以取得一致的认识。

总之，当前模具销售价格较混乱，价格上的人为因素影响很大，模具的计价方法更是五花八门，这说明我国的模具工业还不成熟，要赶上国际一流水平，无论在技术上，还是在管理上，都需要做很大的努力。

二、模具价格的发展方向

随着企业信息化水平的提升，国内外模具企业将更加重视成本逐项估算法，追求报价的精确性和对后续生产作业计划的可指导性。一般来说，报价分为最初报价、后续报价、补充报价三个阶段，不同报价阶段应采用不同的计价方法。对于有经验的模具设计师，在初期阶段，只要看清零件结构和尺寸，就可直接画出模具简图、给出材料及各种配件清单，材料价格可根据模具结构简图计算。计价所依据的信息越充分，计价也就越准确，成本逐项估算法越是应用在模具开发的后期阶段越准确。

本书所介绍的各种价格计算方法，无论是在理论上还是在具体参数的选择上，都有进一步完善和加强的必要。随着模具行业和企业价格数据的积累，通过计算机软件的二次开发，如各种类型模具的规范设计软件、各种加工工艺的仿真软件以及两种软件结合的加工仿真软件开发等，可以预料，一种根据制件的不同特点，既能结合各企业实际情况，又能真实体现具体加工工艺状况的模具价格计算办法一定会出现，并将最终成为模具制造、使用双方都不可或缺的管理手段。

模具是工业生产中使用极为广泛的主要工艺装备，是发展工业生产的基础，许多现代化工业的发展和技术水平的提高在很大程度上取决于模具工业的发展水平。随着高效率、高寿命、高精度模具的大力发展、CAD/CAM/CAE/CIMS 系统的不断进步以及模具标准件的全面商品化，人们必将开发出一套具有科学性、合理性和适用性的，并深受模具制造者和用户欢迎的价格计算方法，真正地把模具价格估算发展到模具价格计算上来，使模具的价格准确地体现其价值。

当前，依靠数控技术和计算机技术的大力帮助，许多价格方面的应用软件如雨后春笋般地涌现，极大地推动了模具价格计算方法的深入发展。相信在不久的将来，当用户拿制件实物或设计草图寻找模具制造者协商模具价格时，模具设计技术人员即可很快打印出模具设计图样，且由于模具制造的手工劳动大幅度降低，代之以先进的数控设备加工，工作时间便可立刻计算出来，再通过计算机的模拟加工和装配，迅速地将模具的价格计算出来，图文并茂，生动直观，更具说服力，例如我国东风汽车公司的模具计算机报价系统是未来模具自动报价的雏形。

第三章 注射模具价格估算

第一节 概 述

一、型腔模具的含义及制造特点

1. 型腔模具的含义

型腔模具是塑料成型模具(注射模、压塑模、挤塑模、吹塑模、吸塑模、发泡模)、金属成型模具(压铸模、锻造模、粉末冶金模、熔模铸造压型模)、玻璃成型模具(压制模、吹制模、吹压模)、橡胶成型模具(压胶模、挤胶模、注射模)及陶瓷成型模具等多种成型模具的统称。

由于这些型腔模具在制件成型工艺、模具材质、模具结构、模具制造工艺等方面不尽相同,更由于这些型腔模具在制品行业中应用的多寡悬殊,有些型腔模具的行业面很窄,行业性强,所以本书只重点论述使用量大、涉及面广的塑料注射成型模具的价格估算问题。

注射模具是塑料成型模具里使用最为广泛的一种,本书着重以注射模具为对象,其他型腔模具可以根据相似程度作为参照进行估算。

2. 注射模具的制造特点

注射模具的种类较多,在制件成型工艺、模具结构、模具材质、模具精度等方面不尽相同,甚至差别很大,但注射模具的制造具有下述共同特点:

1)模具的成型零件制造均为单件小批量生产方式,且精度高、难度大。

2)目前,普通机械加工方法在制造过程中应用仍较普遍,如车削、刨削、铣削、磨削及钳工加工等加工方法。

3)新工艺、新技术在模具型腔制造中正迅速地替代普通机械加工,如无接触仿形装置、CAD/CAM技术、数控坐标磨削、数控加工中心、数控电加工技术、逆向工程及三坐标测量技术等多种先进加工技术,有效地提高了型腔模具的质量。

4)注射模具制造资金投入多,技术水平要求高,模具的生产周期一般较长,复杂、大型的注射模具制造具有较大的风险。

二、注射模具的常规制造工艺

动模和定模是注射模具最主要的两大部件,绝大多数注射模具的动模和定模中的型腔、型芯均是采用优质模具钢经多道工序加工而成的。其常规的制造工艺流程是:经铣削(仿形铣、数控铣、工具铣)、磨削(成形磨、坐标磨)及电火花加工(电火花成形、电火花线切割)成形,又经模具钳工修研、抛光、装配,再经反复试模与修整,直至检验合格后才完成模具制造的全过程。现今,制造手段越来越重视数控技术,无论是车、铣、磨、电加工均强化了数控的功能,现代模具加工中无不体现出这样的趋势。

有些情况下也常采用一些特殊的工艺手段。如电铸型腔、超塑冷挤型腔、锌基合金铸造型腔、环氧树脂浇注型腔等工艺。

当前,许多模具制造企业将模架制造这部分依赖于模架专业制造企业,用采购模架来满足本身的需要,这已成为主流方式。图 3-1 为注射模具的常规制造工艺流程。

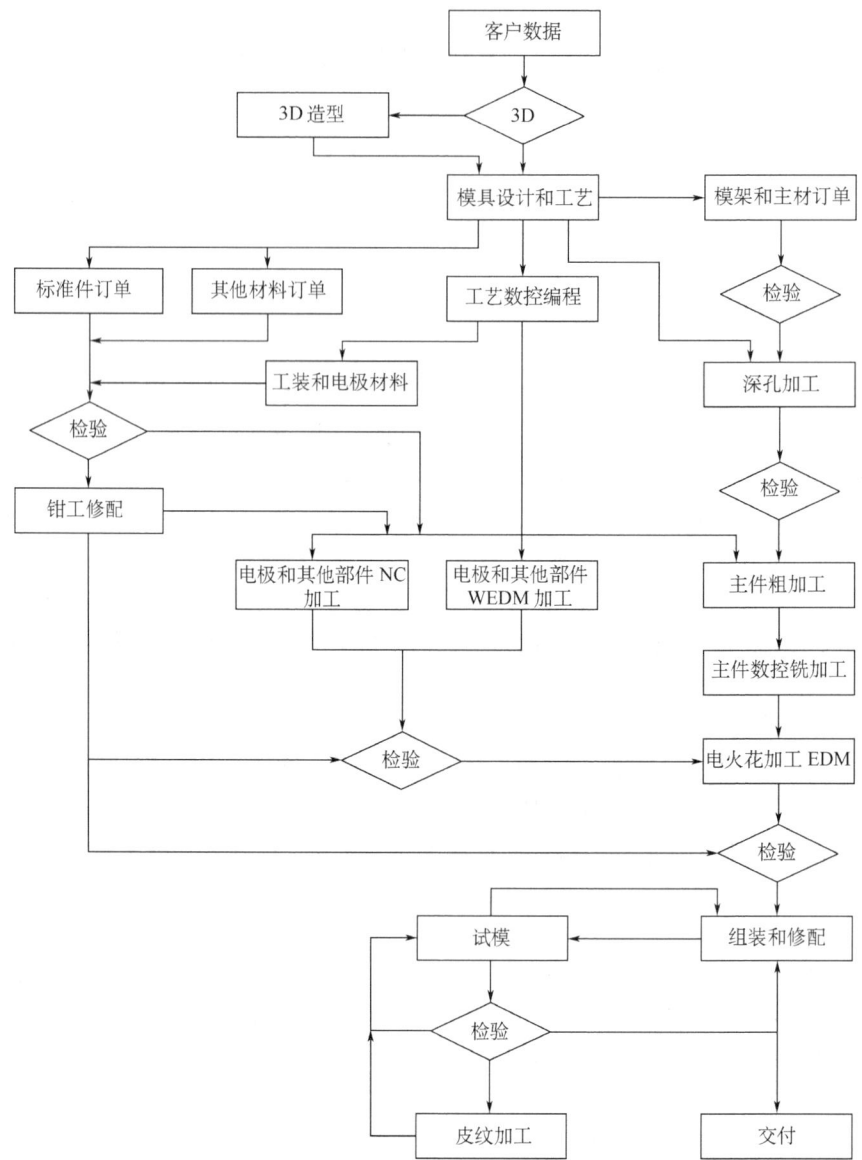

图 3-1 注射模具的常规制造工艺流程

三、注射模具价格的常用估算方法

1. 常用方法

目前,注射模具的价格估算方法在企业里有多种,常用的有以下四种:
1) 类比法。
2) 材料比价法。
3) 成本法。
4) 工时法。

上述四种方法在第二章中已专门给予共同性的介绍,本章将主要对工时估算法和材料比价估算法在注射模具估算领域的应用重点介绍。

2. 使用时的注意要点

1）本章所涉及估算注射模具价格的方法及有关参数，均是以注射模具的常规制造工艺为基础推导和设定的。对于采用其他特殊工艺制造的注射模具，若仍想用本章推荐的估算方法时，有关参数要作相应的修订。

2）由于各企业人员的技术能力、设备能力以及管理能力会对企业的效率和成本有不同程度的影响，因此，模具价格估算方法的侧重点在于估算方法。

3）本估算方法的数据尽量体现我国模具行业的平均先进水平，对各个具体企业应按各自的实际数据计算，不可简单套用。

4）对于"出口"模具的价格根据当时行情另议。

5）对技术上有特殊要求或交货期短于正常生产周期的模具，其价格应在本章算出的基础上适当加价。

6）具有典型性制件的注射模具，如电视机壳体模具，既可按本办法估价，也可按目前在模具行业上已约定俗成的计价办法，即以"元/in"作为模具计价基本单位的办法进行估价。

7）本估算方法算出的结果只是企业自身的成本估算值，对于已完全市场化的模具行业可以作为与客户谈判时企业希望价的参考依据。

对本章所指的注射模具估价时必须遵循上述规定，否则，计算出的模具价格误差较大。

第二节　工时参数估价法

一、工时参数估价法的主要对象与相关说明

根据本书第二章介绍的模具基本价格成分的构成公式，作如下变换为注射模具价格时下角加 z，即

$$P_z = M_{z1} + M_{z2} + M_{z3} + D_z + Q_z + R_z + T_z$$

式中许多构成成分的估算方法在各种模具估价办法中基本相同，工时参数估价法与其他方法不相同的地方在于对加工工作量（即 M_{z2} 和 D_z）的估算方法方面。对此，我们可以将 M_{z2} 和 D_z 解析如下：

M_{z2}——制造工费，是由各工种（或各工序）制造工时与相应的工时单价的乘积或制造总工时与综合平均工时单价的乘积组成。

D_z——技术开发费，包括逆向工程、3D 成型及成型工艺分析、模具设计和 CAE 仿真等，它也可以通过工时计费。

设　T_{zm}——制造工时，T_{zd}——技术开发工时，A_z——单位工时的平均费用，则

$$M_{z2} = T_{zm} A_z \tag{3-1}$$

$$D_z = T_{zd} A_z \tag{3-2}$$

工时参数估价法需要计算的主要对象是 T_{zm}、T_{zd} 和 A_z，这三个参数则是通过模具和产品的主要技术参数计算得到。其他成本因素如 M_{z1}、M_{z2} 中的外购（协）专业服务（如皮纹等）、M_{z3}、Q_z、R_z、T_z 的计算都与其他计算方法相同。

本章中工时参数估价法是将设计与加工的工时一起考虑和计算的(一般设计工时大约是加工工时的15%～25%)，设 M_z 为设计制造费，T_{zmd} 为设计、制造工时之和，由式(3-1)和式(3-2)，可得

$$M_z = M_{z2} + D_z$$

则

$$M_z = T_{zm}A_z + T_{zd}A_z = A_z(T_{zm} + T_{zd}) = A_z T_{zmd} \tag{3-3}$$

二、工时参数估价法的因素分类和估算公式

工时参数估价法是将重要的技术因素对制造加工造成影响的程度以系数的方式表达，由于影响模具估价的因素很多，如模具的规格大小、结构繁简、精度高低等，而且各因素之间互为基础，详细计算十分困难。根据快捷、相对准确、方便的原则，本书选择常见的、影响比较直接和所占比重较大的因素作为计算依据。通过对注射模具制造全过程的分析，影响制造总工时的主要因素有制件的外形尺寸(长、宽、高)、制件几何体的复杂程度、制件的精度、模具成形部位的表面粗糙度、制件成形复杂度对模具结构的影响等。据此，本章采用如下几种技术参数，并相应给出了模具制造总工时的计算公式。

1) 产品尺寸系数(K_{z1})——产品的大小决定了模具的加工量，以此系数从工作量方面来调节。

2) 模具结构复杂系数(K_{z2})——主要表达模具结构对制造的影响，模具结构的复杂性是由许多方面组成的，在此，只选用最主要的方面，其他因素可以忽略，以此系数从结构复杂性对工作量影响的方面来调节。

3) 产品表面特征系数(K_{z3})——主要表达产品的复杂性对加工量带来的影响，如喇叭网孔、散热孔或面栅、薄板深肋等。

4) 产品精度系数(K_{z4})——塑料产品的精度不仅在于模具的加工精度，还与塑料产品在注射过程中的收缩控制能力有关，这就与模具流道与浇口系统、冷却系统、塑料品种、收缩系数的选取等设计、加工有关，会对模具制造工时产生影响。

设综合影响系数为 K_{z0}，它等于各种修正系数之乘积，即

$$K_{z0} = K_{z1}K_{z2}K_{z3}K_{z4} \tag{3-4}$$

以上几个参数都是对基本数据进行修正的，这个基本数据就是本教材要引入的一个重要概念：基点当量以及它的两个基本组成部分——基点工时和基点工价。

(1) 基点工时——以一种假设的最基本的产品结构、最简单的几何形状、最基本的要求、平面分型、一模一件、表面要求一般、产品尺寸为 100mm×100mm×100mm 的盒形产品作为基准将该产品的注射模具所用工时设定为一个标准值，称该值为基点工时。设 T_{z01} 为基点工时，根据实践经验，塑料注射模具基点工时定为 80h 为宜。

(2) 基点工价——按现代常用加工工艺各工种在其中占的比例关系和各工种的单价，算出每个工时的平均费用，称该值为基点工价。设 A_1 为基点工价，经过测算以 60 元为宜。

经过以上分类定义可以看出，对 T_{zm} 和 T_{zd} 的分析计算，就转变成对 T_{z01} 和 K_{z0} 的分析、研究、计算。因此，式(3-3)就如下变化

$$M_z = T_{zm}A_z + T_{zd}A_z = A_z T_{z01} K_{z0} \tag{3-5}$$

可以看出，式(3-5)中只有 K_{z0} 是最主要的研究对象，需要详细分解计算。

三、影响系数的取值方法和估算公式

1. 产品尺寸系数 K_{z1}（见表3-1）

求出以产品外形尺寸（亦即模具型腔表面尺寸）与分型面组成的产品包络体积（也可看作型腔体积），以该体积乘以 0.5~0.9（调整系数 K_{z11}），再除以基准产品的包络体积，得到的即是产品尺寸系数 K_{z1}，即

$$K_{z1} = 型腔体积 \times K_{z11}/1000000$$

式中，K_{z11} 为调整系数，它是基于基点工时中纯加工时与整副模具工时（设计、编程、加工、试模等工时的总和）之间的比值，一般取 0.5~0.9。

表3-1 产品尺寸系数 K_{z1}

		长/mm	宽/mm	高/mm	型腔体积/mm³	K_{z1}
同一型腔分割	1					
	2					
	3					
	4					
	5					
	6					
合计						
一模同型多腔数 N			调整系数 K_{z11}		取值	
			0.5~0.9			
另一型腔分割	1					
	2					
	3					
	4					
	5					
	6					
合计						
一模异型多腔数 N			调整系数 K_{z11}		取值	
			0.5~0.9			
壁厚/mm	长/mm	宽/mm	高/mm	产品表面积/mm²	产品体积/mm³	

当制件为一模多腔时（无论制件是否相同），产品的总尺寸系数 K_{z1} 等于各个型腔的尺寸系数之和。

在实际计算时，塑料制件的边界和高度可能是不规则的，这给体积计算带来很大困难，但可按以下五种方法解决。

1) 客户有三维数据模型时，三维设计软件都有计算体积的功能，这样计算出来的体积准确度很高。

2) 如不具备上述条件，可采用分层分割法，将不同深度的截面分别计算可得出相近的数据再给予合计。

3）对不规则曲面形状，可采用近似典型几何形状的折算方式，如柱形、梯形、球形和三角形等可同样得出相近的数据。

4）对于一些在出模方向深度较深，投影面积却相对较小的产品，产品尺寸系数不能充分反映的产品，其加工影响因素的权重应体现在结构复杂系数上。

5）当某些小凸台或底面积相对于整个产品的截面非常小时，该部分在计算深度时可视加工的难易程度采取忽略、减半、全部计算等调整方法加以解决。

2. 模具结构复杂系数 K_{z2}（见表3-2）

影响模具结构的要素很多，不可能将所有结构要素都设定系数，这不仅太繁琐，也没有多大必要，仅将其中最主要的、影响较大的结构要素，如抽芯状况、斜顶出状况、主分型面状况、开模次数、进料系统和模具寿命等要素，设定为结构复杂系数的子系数，基本可满足计算要求。

表3-2 模具结构系数 K_{z2}

结构要素			系数数值	选用说明	系数代号
抽芯	1处	局部	0.05~0.1	当抽芯相对于模具很小时取0.05	K_{z21}
		全部	0.15~0.25		
	2处	局部	0.1~0.2	当抽芯相对于模具很小时取0.1	
		全部	0.3~0.6	两半模取0.6	
	3处	局部	0.15~0.3	当抽芯相对于模具很小时取0.15	
		全部	0.45~0.8	两半模取0.8	
	4处以上	局部	0.2~0.4	当抽芯相对于模具很小时取0.2；超过4处则每增加一处取0.05~0.1	
		全部	0.6~1		
复合抽芯	1处	直线	0.2~0.4		K_{z22}
		曲线	0.3~0.6		
斜推块	1处	二维	0.05~0.1		K_{z23}
		三维	0.1~0.15		
	每增加1处	二维	0.02~0.05	当方向不同时取较高值	
		三维	0.03~0.1		
主分型面	平面	镶拼式型芯	0~0.1	型芯高度≥240mm 取0.05；≥400mm 取0.1；型芯高度应包括嵌入部分	K_{z24}
		整体型芯	0.1~0.4	型芯高度≥100mm 取0.1；≥200mm 取0.15；≥300mm 取0.2；≥400mm 取0.28；≥450mm 取0.34；≥500mm 取0.4	
		整体型腔	0.1~0.4		
	异型面	镶式型芯	0.07~0.2	型芯高度≥240mm 取0.05；≥400mm 取0.1 的基础上根据曲面带来的复杂性增加0.02~0.1；型芯高度应包括嵌入部分	

结构要素			系数数值	选用说明	系数代号
主分型面	异型面	整体型芯	0.12~0.5	型芯高度≥100mm 取 0.1；≥200mm 取 0.15；≥300mm 取 0.2；≥400mm 取 0.28；≥450mm 取 0.34；≥500mm 取 0.4 的基础上根据曲面带来的复杂性增加 0.02~0.1	K_{z25}
主分型面	异型面	整体型腔	0.11~0.45	型芯高度≥100mm 取 0.1；≥200mm 取 0.15；≥300mm 取 0.2；≥400mm 取 0.28；≥450mm 取 0.34；≥500mm 取 0.4 的基础上根据曲面带来的复杂性增加 0.01~0.05	K_{z25}
开模次数		2 次	0.1~0.2		K_{z26}
开模次数		3 次	0.15~0.25		K_{z26}
进料形式	点浇口	1 点	0.05~0.1		K_{z27}
进料形式	点浇口	2 点以上	0.1~0.3		K_{z27}
进料形式	潜伏浇口	2 点以内	0.1~0.2		K_{z27}
进料形式	潜伏浇口	每增加 1 点	0.02~0.05		K_{z27}
进料形式	热流道	1 点	0.02~0.04		K_{z27}
进料形式	热流道	2 点	0.05~0.1		K_{z27}
进料形式	热流道	2 点以上每增加 1 点	0.01~0.02		K_{z27}
寿命		50 万模次以上	0.05~0.15		K_{z28}
寿命		70 万模次以上	0.15~0.25		K_{z28}
寿命		100 万模次以上	0.25~0.4		K_{z28}

在使用表 3-2 时应注意以下几点：

（1）基本系数取 1

$$K_{z2} = 1 + \sum K_{z2i} \tag{3-6}$$

当模具是无侧抽芯、无斜面顶出、平面一次分型、直浇口或侧浇口时，模具的 $\sum K_{z2i} = 0$，则 $K_{z2} = 1$。

（2）有抽芯时选取系数的说明

1）侧抽芯。侧抽芯宽度等于或大于制件该侧宽度一半时，按"全部"方式选取系数；侧抽芯宽度尺寸≥150mm 时也按"全部"方式选取系数。

2）复式直线抽芯。抽芯机构的运动轨迹为直线运动，空间三维斜抽芯也按复式抽芯中"直线"型计算系数。

3）复式曲线抽芯。抽芯机构的运动轨迹为圆弧线。沿圆弧线方向抽出的抽芯机构，其曲率半径大小和抽出距离长短决定模具结构的复杂程度。若结构复杂、抽出距离长，则系数选大值；若结构简单、抽出距离短，则系数选小值。

一副模具中有两处或两处以上的复式抽芯机构时，其系数计算方法为：结构、尺寸完全相同时，每增加一处其系数增加原系数的 0.5～0.6 倍；结构相同、尺寸不同或结构尺寸均不相同时，每增加一处其系数增加 1 倍。

(3) 斜推块机构　二维斜推块是指斜推块活动方向与模架的 X 或 Y 的方向平行；三维空间斜推块是指斜推块活动方向与模架的 X 或 Y 的方向都不平行。

(4) 分型面　分型面的加工难度不仅与是否有曲面有关，而且与是否有镶嵌及型芯的高度有关。现在广泛使用数控加工设备，使得曲面加工比较容易，但对于折面、台阶等分型面，其加工匹配程度要求高。对于整体式高型芯的加工和根部处理，因受刀具强度的限制，效率会有明显下降。为此，分型面系数要加以考虑。

综合考虑分型面形状、型腔深度、整体与镶嵌等因素对刀具加工效率等的影响，可分别取不同系数，见表 3-2。

(5) 开模结构　开模结构主要指二次以上的开模机构或顶出机构，在计算上要与抽芯、斜推块等加以区别，不能重复计算。

(6) 浇口系统

1) 潜伏浇口包括香蕉浇口。

2) 热流道系统可能是整套采购的，如果在采购整套部件中计算过了就不要再在此重复计算。

(7) 模具寿命　现今，模具的型腔材料一般均采用 P20（3Cr2Mo）类材料，在正常使用和维护保养的情况下寿命在 50 万模次内是基本可行的，大于 50 万模次的要选用基体硬度较高的材料，在加工中会增加工时和费用。

(8) K_{z2i} 参数值是个范围，可根据企业自身的情况和模具的具体情况选取和调整。

3. 产品表面特征系数 K_{z3}

现在数控加工技术应用越来越普遍，几何形状的复杂程度对制造的影响度在下降，真正对工作时间产生影响的因素是面栅、网孔、薄片肋、表面粗糙度以及陡壁深腔、高型芯等。除陡壁深腔、高型芯因素归类于模具结构复杂系数中计算外，其他见表 3-3。

表 3-3　产品表面特征系数 K_{z3}

产品表面特征因素			系　　数	选用说明	系数代号
面栅	碰穿式	镶块	(0.4～0.6)×外面积比	外面积比是指面栅面积与产品外表面面积之比	K_{z31}
		整体	(0.7～0.9)×外面积比		
	对插式	镶块	(0.6～0.8)×外面积比		K_{z32}
		整体	(1～1.2)×外面积比		
网孔	细密孔	镶块	(1.35～1.65)×外面积比	孔径 2mm，间距≤孔径×1.5	K_{z33}
		整体	(1.8～2.2)×外面积比		
	疏孔	镶块	(0.8～1)×外面积比		K_{z34}
		整体	(1.1～1.3)×外面积比		

(续)

产品表面特征因素			系　　数	选用说明	系数代号
片肋	薄片	长度≤50mm	0.02~0.04	小端＜1mm且深度≥20mm	K_{z35}
		长度＞50mm,每增长30mm	0.005~0.015		
	深肋	长度≤50mm	0.02~0.04	深度≥30mm	K_{z36}
		长度＞50mm,每增长30mm	0.015~0.025		
薄壁		1~1.5	0.2~0.4	产品面积≥10000mm²	K_{z37}
		≤1	0.3~0.7	产品面积≥3000mm²	
表面处理	抛光	1000粒以下	0	有皮纹要求的,抛光取本档系数	K_{z38}
		1200粒	0.015~0.025		
		1500粒	0.035~0.045		
		2000粒	0.065~0.075		
		3000粒	0.09~0.11		
		8000粒	0.16~0.2		
		12000粒	0.22~0.26		
		14000粒	0.28~0.32		

在使用表3-3时应注意如下几点:
(1) 基本系数取1

$$K_{z3} = 1 + \sum K_{z3i} \tag{3-7}$$

当模具是无侧面栅、无网孔、无深肋、表面抛光在1000粒以下时,模具的$\sum K_{z3i} = 0$,则$K_{z3} = 1$。

(2) 当相对应的面栅、网孔在型腔、型芯上分别采用整体和镶嵌方式,在系数取值时取整体,不能重复取值。

(3) 皮纹处理一般都是外协加工,按市场价作为采购费(外协费)计算。

(4) K_{z3i}参数值是个范围,可根据企业自身的情况和模具的具体情况选取。

4. 产品精度系数 K_{z4}

(1) 塑料件产品精度等级标准　注射成型的制件精度除受模具制造精度的影响外,还要受塑料本身的收缩特性和成型时的工艺条件等方面的影响,要精确控制所有的产品尺寸是很困难的。实际上,产品的许多尺寸是非关键尺寸,即使是关键尺寸也存在一些互配的现象,因此掌握好关键尺寸的精度要求是正确选择产品精度系数的关键。

我国目前有三种有关注射制品公差标准:电子行业标准SJ 1372—1978、兵工民品行业标准WJ 1266—1981和国家推荐标准GB/T 14486—1993,在此选用国内行业内实际使用最广泛的电子行业标准SJ 1372—1978作为衡量的尺度(见表3-4、表3-5)。

表 3-4 SJ 1372—1978(一)

产品基本尺寸/mm	精度等级							
	1	2	3	4	5	6	7	8
	公差尺寸/mm							
≤3	0.04	0.06	0.08	0.12	0.16	0.24	0.32	0.48
>3~6	0.05	0.07	0.08	0.14	0.18	0.28	0.36	0.56
>6~10	0.06	0.08	0.10	0.16	0.20	0.32	0.40	0.64
>10~14	0.07	0.09	0.12	0.18	0.22	0.36	0.44	0.72
>14~18	0.08	0.10	0.12	0.20	0.26	0.40	0.48	0.80
>18~24	0.09	0.11	0.14	0.22	0.28	0.44	0.56	0.88
>24~30	0.10	0.12	0.16	0.24	0.32	0.48	0.64	0.96
>30~40	0.11	0.13	0.18	0.26	0.36	0.52	0.72	1.0
>40~50	0.12	0.14	0.20	0.28	0.40	0.56	0.80	1.2
>50~65	0.13	0.16	0.22	0.32	0.46	0.64	0.92	1.4
>65~80	0.14	0.19	0.26	0.38	0.52	0.76	1.0	1.6
>80~100	0.16	0.22	0.30	0.44	0.60	0.88	1.2	1.8
>100~120	0.18	0.25	0.34	0.50	0.68	1.0	1.4	2.0
>120~140		0.28	0.38	0.56	0.76	1.1	1.5	2.2
>140~160		0.31	0.42	0.62	0.84	1.2	1.7	2.4
>160~180		0.34	0.46	0.68	0.92	1.4	1.8	2.7
>180~200		0.37	0.50	0.74	1.0	1.5	2.0	3.0
>200~225		0.41	0.56	0.82	1.1	1.6	2.2	3.3
>225~250		0.45	0.62	0.90	1.2	1.8	2.4	3.6
>250~280		0.50	0.68	1.0	1.3	2.0	2.6	4.0
>280~315		0.55	0.74	1.1	1.4	2.2	2.8	4.4
>315~355		0.60	0.82	1.2	1.6	2.4	3.2	4.8
>355~400		0.65	0.9	1.3	1.8	2.6	3.6	5.2
>400~450		0.70	1.0	1.4	2.0	2.8	4.0	5.6
>450~500		0.80	1.1	1.6	2.2	3.2	4.4	6.4

注：1. 本标准的精度等级分成 1~8 共 8 个等级。
    2. 本标准只规定公差，而基本尺寸的上下偏差可按需要分配。
    3. 未注公差尺寸时，建议采用本标准 8 级精度公差。
    4. 标准测量温度 18~22℃，相对湿度 60%~70%（在制品成形 24h 后测量）。

表 3-5　SJ 1372—1978(二)

类别	材料名称	建议采用的精度等级		
		高精度	一般精度	低精度
1	PS	3	4	5
	ABS			
	PMMA			
	PC			
	聚砜			
	聚苯醚			
	酚醛塑料粉			
	氨基塑料粉			
	30%玻璃纤维增强塑料			
2	PA6/PA66/PA610/PA9/PA1010	4	5	6
	硬 PVC			
	氯化聚醚			
3	POM	5	6	7
	PP			
	HDPE			
4	LDPE	6	7	8
	软 PVC			

(2) 塑料产品精度判别和选取(见表 3-6)

表 3-6　塑料产品精度系数 K_{z4}

产品尺寸精度要求	高精度尺寸数	系数 K_{z4}
塑料制品上的尺寸精度均为一般	0	1.00
塑料制品上的尺寸有高精度与一般的精度,当高精度尺寸数如右栏所示时	2 个以内	1.05
	3~5 个	1.1
	6~10 个	1.3
	11~20 个	1.5
	>20 个	1.5~2.0

注:1. 在与客户商谈时应确认关键尺寸,对非关键尺寸不要作为选取精度系数的对象。
　　2. 对关键尺寸中的可互配尺寸作为选取精度系数时要慎重。

5. **工时参数估算法系数汇总及说明表**(见表 3-7)

表 3-7 工时参数估算法系数汇总及说明表

求值	主要参数	说 明	公 式
M_z	A_z	基点工费 = 60 元/h	$M_z = A_z T_{z0} K_{z0}$
	T_{z0}	基点工时 = 80 元/h	
	K_{z0}	各系数乘积	
K_{z0}	K_{z1}	产品尺寸系数	$K_{z0} = K_{z1} K_{z2} K_{z3} K_{z4}$
	K_{z2}	模具结构复杂系数	
	K_{z3}	产品表面特征系数	
	K_{z4}	产品精度系数	
K_{z1}		取产品型腔体积和基准体积比值	K_{z1} = 产品型腔体积/1000000 × (0.5~0.9)
K_{z2}		基本系数为 1；$K_{z2i} = K_{z21}$，K_{z22}，K_{z23}，K_{z24}，K_{z25}，K_{z26}，K_{z27}，K_{z28}	$K_{z2} = 1 + \sum K_{z2i}$
K_{z3}		基本系数为 1；$K_{z3i} = K_{z31}$，K_{z32}，K_{z33}，K_{z34}，K_{z35}，K_{z36}，K_{z37}，K_{z38}	$K_{z3} = 1 + \sum K_{z3i}$
K_{z4}		以高精度尺寸的个数计	K_{z4} 最低取值为 1

第三节　材料比价估算法

一、材料比价估算法使用时的注意事项

1. **材料比价估算法的理论依据**

材料比价估算法是注射模制造业在实际工作中使用得比较多的一种有效、快捷的计价方法。该方法有如下理论依据。

1）塑料制件的大小与模具的大小成正比关系，模具的大小与模具材料的使用量成正比关系。当材料价格以某种确定的形式存在时，产品的大小变化和模具的价格变化就具有一定比例的相关关系。

2）产品的结构、尺寸和形状必定影响模具的结构、加工性能等，也必定影响加工时间。模具的技术复杂性可通过相关的技术复杂系数来反映。

3）经过长期的实践证明，不同大小的模具和不同复杂程度的模具可通过以模具用材量为基点，以一种相关的比例系数来反映技术复杂性，并达到估算模具价格的目的。

4）以模具材料为计算的基点，材料价格的波动肯定会影响模具的价格。

5）材料价格的波动对最后结果的影响是以系数被放大的，因此，必须对模具材料价格估算基点予以设定，差额另外修正。

2. **材料比价估算法与工时估算法的异同**

相似之处：

1）都对加工技术难点给予一定的系数值来参与运算和修正。

2）都需要以一个基准点作为计算的基点。

不同之处:

1) 基准点各自不相同,工时法是以假设基点工时为计算基础,材料比价计算是以某一设定模具材料价格为计算基础。

2) 采用材料比价法估算,灵活性更强,又免去了复杂的产品尺寸系数的计算,显得更简便,可适应各种场合下的模具价格估算,其估算精度也可以满足企业的要求。

二、材料比价估算法的主要对象与相关说明

1. 材料比价估算法的主要对象

在当今模具材料处于完全市场化的状况下,材料价格的变化和不确定因素使得以材料价格为估算基础变得困难,因此,设定的不变价格作为估算模具价格基础,就是在消除原材料价格变化影响的条件下,将工时费转化成与模具吨位有关的比例系数,估算出模具价格。材料价格的差价放在最后并入,以消除不必要因素的影响,又能在较长一段时期内适用。

模具计价的基本公式见式(2-1)变为注射模具价格时下角加z,即

$$P_z = M_{z1} + M_{z2} + M_{z3} + D_z + Q_z + R_z + T_z$$

其中

$$M_{z1} = m_{z11} + m_{z12} + m_{z13} + m_{z14}$$

本估算法只将 M_{z1} 中的 m_{z11} 和 m_{z12} 归入材料基点的计算。为了消除市场材料价格浮动对计算结果的影响,将 M_{z1} 分解如下:

$$M_{z1} = M_{z1j} + M_{z1c} + m_{z13} + m_{z14} = \sum(m_{z1i}P_{zij}) + \sum(m_{z1i}P_{zic}) + m_{z13} + m_{z14}$$

式中 M_{z1j}——模具主要材料(m_{z11} 和 m_{z12})按设定价格计算的材料费;

M_{z1c}——模具主要材料(m_{z11} 和 m_{z12})按市场价计算的材料费与按设定价格计算的材料费的差价;

m_{z1i}——模具主要材料重量;

P_{zij}——各模具主要材料(m_{z11} 和 m_{z12})设定价;

P_{zic}——各模具主要材料(m_{z11} 和 m_{z12})市场价与设定价之间的差价。

根据以上的分解,将 $\sum(m_{z1i}P_{zij})$ 作为计算基础,即

$$M_{z1j} = \sum(m_{z1i}P_{zij})$$

在代入公式时需注意:

1) 仅计算主要的材料,应以便于快速计算和不显著影响计算精度为原则。

2) 本节中将模架、型腔、型芯和一般零件的用材,按表3-8所示归类为计算基准,其设定价目见表3-8。

表3-8 主要基点材料设定价目表

材料名称	45、50C、55、45锻材	国产P20、2738、618、PX5、638	718、NAK80、SKD61	DH2F、S163、635、8407	电极铜	电极粗石墨、电极精石墨
设定单价/(元/kg)	7.5	30	75	100	50	45

3) 标准件和辅助部件(m_{z13} 和 m_{z14})不作为基准材料。

M_{z2}、M_{z3}、D_z、R_z、T_z 是采用与 M_{z1j} 比例系数 K'_{z0} 关系来估算出价格,即 K'_{z0} 包含了 M_{z2}、M_{z3}、D_z、R_z、T_z,那么模具的估价公式为

$$P_z = M_{z1j}(1 + K'_{z0}) + M_{z1C} + m_{z13} + m_{z14} + Q_z$$

$$= M_{z1j}(1 + K'_{z1} + K'_{z2} + K'_{z3} + K'_{z4}) + M_{z1C} + m_{z13} + m_{z14} + Q_z$$

式中

$$K'_{z0} = K'_{z1} + K'_{z2} + K'_{z3} + K'_{z4}$$

K'_{z1}——钢材硬度系数；

K'_{z2}——模具结构复杂系数；

K'_{z3}——产品表面复杂系数；

K'_{z4}——产品精度系数。

2. 相关说明

1) 相对于模具工时估算法，本方法的系数分类、系数值分类都有所不同，包含了 M_{z2}、M_{z3}、D_z、R_z、T_z，适用于快速计算。

2) 若材料价(设定价和差价)包含税金，则算出的价格就已经含有税金了，如果是不含税金的，就在最后计算结果上再加上税金即可。本节采用含税的方法。

3) 为体现快速、简捷的特点，在本节系数中已经包含利润、管理费，不再另外计算。

4) 根据行业内实践的经验数据，综合系数 K'_{z0} 的一般取值范围见表3-9。

5) 通常情况下，大多数常规模具的 K'_{z0} 值在 3~7 之间，当产品非常小，但形状复杂和精度较高时，或产品体积很大和结构很简单时，这种计算方式的偏差较大，这需要根据经验去判断。

6) 模具基点材料仅指毛坯材料，不使用模架的价格，因此在计算时要把加工工艺中的加工余量计算进去。如模架的价格也包含在材料基点内，则系数就要根据具体情况调整。

表3-9 系数 K'_{z0} 取值表

模具状况	模具大小	系数范围
简单	小	3~3.5
	中	2.5~3
	大	2~2.5
一般	小	3.5~5.5
	中	3~5
	大	2.5~4.5
较复杂	小	5.5~8
	中	5~7
	大	4.5~6
复杂	小	8~11
	中	6.5~9
	大	5.5~7.5
很复杂	小	11~15
	中	9~12
	大	7~10

注：模具大、中、小很难精确划分，按行业习惯，一般0.5t重量以下为小型模具，0.5~3t重量间为中型模具，3t重量以上为大型模具。当然也可以再细分为中小型、中大型、超大型模具的。这里划分大、中、小型只是让我们可以粗略地认识系数波动的规律。

三、材料比价估算法的影响因素和估算公式

1. 钢材硬度系数 K'_{z1}（见表3-10）

这里所说的钢材硬度主要是指模具型腔、型芯的材料硬度，这直接关系到加工的效率。

表3-10　K'_{z1} 取值表

钢材硬度/HRC	<25	25~32	32~36	36~44	44~52	>52
K'_{z1}	1	1.2~1.5	1.5~2	2~2.5	2.5~3	3~4

2. 模具结构复杂系数 K'_{z2}（见表3-11）

表3-11　K'_{z2} 取值表

结构要素			系数数值	选用说明	系数代号
抽芯	1处	局部	0.1~0.2	当抽芯相对于模具很小时取0.05	K'_{z21}
		全部	0.2~0.3		
	2处	局部	0.15~0.25	当抽芯相对于模具很小时取0.1	
		全部	0.3~0.5	两半模取0.5	
	3处	局部	0.2~0.3	当抽芯相对于模具很小时取0.15	
		全部	0.5~0.8	三半模取0.8	
	4处以上	局部	0.25~0.35	当抽芯相对于模具很小时取0.2；若超过4个，每个根据复杂程度增加0.05~0.1	
		全部	0.6~1		
复合抽芯	1处	直线	0.3~0.5		K'_{z22}
		曲线	0.5~1		
斜推块	1处	二维	0.1~0.15	每增一处增加0.05~0.1；当方向不同时取0.1	K'_{z23}
		三维	0.2~0.3	每增一处增加0.1~0.15，当每个方向不同时，取0.15	
主分型面	平面	镶拼式型芯	0~0.3	型芯高度≥240mm 取0.1，≥350mm 取0.2，≥450mm 取0~3，型芯高度应包括嵌入部分	K'_{z24}
		整体型芯	0~1	型芯高度≥100mm 取0.1，≥200mm 取0.2，≥300mm 取0.35，≥400mm 取0.6，≥450mm 取0.8，≥500mm 取1	
		整体型腔	0~1	同上	
	异型面	镶拼式型芯	0~0.6	型芯高度≥240mm 取0.1，≥350mm 取0.2，≥450mm 取0.3，型芯高度应包括嵌入部分，在此基础上根据曲面带来的复杂性加0.1~0.3	K'_{z25}
		整体型芯	0~1.6	型芯高度≥100mm 取0.1，≥200mm 取0.2，≥300mm 取0.35，≥400mm 取0.6，≥450mm 取0.8，≥500mm 取1，在此基础上根据曲面带来的复杂性加0.2~0.6	

(续)

结构要素			系数数值	选用说明	系数代号
主分型面	异型面	整体型腔	0~1.3	型芯高度≥100mm 取 0.1，≥200mm 取 0.2，≥300mm 取 0.35，≥400mm 取 0.6，≥450mm 取 0.8，≥500mm 取 1，在此基础上根据曲面带来的复杂性加 0.1~0.3	K'_{z25}
开模次数	2 次		0.1~0.2		K'_{z26}
	3 次		0.2~0.5		
进料形式	热流道	1 点	0.1~0.2	以截流腔的大小来选取	K'_{z27}
		2 点	0.3~0.7		
		2点以上每增1点	0.08~0.12		

3. 产品表面复杂系数 K'_{z3}（见表 3-12）

表 3-12 K'_{z3} 取值表

产品表面特征因素			系数数值	说　明	系数代号
面栅	碰穿式	镶块	(1.5~2.5)×外面积比	外面积比是指面栅面积与产品外表面面积之比	K'_{z31}
		整体	(2.5~3.5)×外面积比		K'_{z32}
	对插式	镶块	(2~3)×外面积比		K'_{z32}
		整体	(3.5~4.5)×外面积比		K'_{z34}
网孔	细密孔	镶块	(3~4)×外面积比	孔径≥2mm，间距≤孔径×1.5	K'_{z33}
		整体	(5~6)×外面积比		
	疏孔	镶块	(2.5~3.5)×外面积比		K'_{z34}
		整体	(4~5)×外面积比		
片肋	薄片	长≤50mm	0.1~0.15	小端<1mm 且深度≥20mm；根据长度选择	K'_{z35}
		每长 50mm	0.1~0.15		
薄壁		1~1.5	0.2~0.4	产品面积≥10000mm²	K'_{z36}
		≤1	0.3~0.7	产品面积≥3000mm²	
表面处理	抛光	1000 粒以下	0.5	有皮纹要求的，抛光取本档系数	K'_{z37}
		2000 粒以下	0.5~0.8		
		8000 粒以下	0.8~1.5		
		14000 粒以下	1.5~2.5		

4. 产品精度系数 K'_{z4}（见表 3-13）

该系数的详细说明参见技术参数法部分。

表 3-13　K'_{z4} 取值表

产品尺寸精度要求	高精度尺寸数	系数 K'_{z4}
塑料制品上的尺寸精度为一般	0	0
塑料制品上的尺寸有高精度与一般的精度，当高精度尺寸数如右所示时	2 个以内	0.1
	3～5 个	0.2
	6～10 个	0.5
	11～20 个	1
	>20 个	1～2

5. 材料比价估算法系数汇总及说明表（见表 3-14）

表 3-14　材料比价法系数汇总及说明表

求值	主要参数	说明	公式
K'_{z0}	K'_{z1}	模具材料硬度系数	$K'_{z0} = K'_{z1} + K'_{z2} + K'_{z3} + K'_{z4}$
	K'_{z2}	模具结构复杂系数	
	K'_{z3}	产品复杂系数	
	K'_{z4}	产品精度系数	
K'_{z1}		取产品型腔、型芯材料的硬度	由 K'_{z1} 对应表格选取
K'_{z2}		基本系数为 1；$K'_{z2i} = K'_{z21}$，K'_{z22}，K'_{z23}，K'_{z24}，K'_{z25}，K'_{z26}，K'_{z27}，K'_{z28}	$K'_{z2} = \sum K'_{z2i} \geq 1$
K'_{z3}		基本系数为 1；$K'_{z3i} = K'_{z31}$，K'_{z32}，K'_{z33}，K'_{z34}，K'_{z35}，K'_{z36}，K'_{z37}	$K'_{z3} = \sum K'_{z3i} \geq 1$
K'_{z4}		以高精度尺寸的个数计	K'_{z4} 可以为 0

第四节　注射模具估价实例

一、估价前的准备工作

1. 对产品和模具结构的识别

1）尽可能多地从客户处了解塑料制品和模具的要求，进行记录和整理，将与模具价格估算相关的技术条件列出。

2）对塑料制品要有较详细的了解，勾画出模具结构草图，将一些主要特征如：分型面、抽芯和顶出机构、动定模镶块、是否采用热流道系统、气体辅助系统和制件的关键尺寸等加以确定。

3）将塑料制品尺寸相关的因素、结构相关的因素、产品相关的因素、精度相关的因素等分别识别出来。

2. 计算 K_{z0}

1) 填写产品模具因素表(见表 3-15)。

表 3-15 产品模具技术因素表

产品	长/mm	宽/mm	高/mm	表面积/mm²	体积/mm³
	皮纹类型	皮纹面积/mm²	面栅类型	面栅面积/mm²	产品壁厚/mm
	网孔类型	网孔面积/mm²	薄片肋长/mm	深肋长/mm	表面抛光
	产品材料	高精度尺寸数			
模具	长/mm	宽/mm	高/mm	出模腔数	型腔体积/mm³
	型腔形式	型芯形式	主分型面	局部抽芯数	大抽芯数
	型腔材料		型芯材料		其他主要材料
	材料硬度		材料硬度		材料硬度
	复合直抽芯	复合曲线抽芯	二维斜推块	三维斜推块	浇口形式	热流道
	寿命	面栅结构	网孔结构		

2) 利用各系数取值表,将各种因素对照相关系数表,填入各表相应计算栏目,确定相应的系数,由计算公式算出 K_{z1}、K_{z2}、K_{z3}、K_{z4},并求出 K_{z0}。

3. 计算整副模具的价格

1) 确定模具的数据,如模具材料、特殊外加工费(皮纹制作费、外协试模费等)、整套购入部件费等。

2) 确定管理费率、利润率、税率等。

3) 按式(3-1)计算出模具的价格。

4) 对选用的各种参数进行判断和适当的调整。

这些计算既可利用本章提供的计算表格手工计算,也可利用 Excel 软件进行自动计算。

二、手机前壳塑料模具估价实例

手机前壳塑料模具的基本信息见表 3-16,产品及模具简图见图 3-2,工时参数估价总表见表 3-17,材料比价估价法总表见表 3-18。

表 3-16 手机前壳基本信息表

	折叠式手机前壳					
产品	工作号		机型	折叠式手机	产品名	前壳
产品	长/mm	宽/mm	高/mm	表面积/mm²		体积/mm³
产品	80	50	15	6400		5120
产品	皮纹类型	皮纹面/mm²	面栅类型	面栅面积/mm²		产品壁厚/mm
产品						0.8
产品	网孔类型	网孔面积/mm²	薄片肋长/mm	深肋长/mm		表面抛光
产品						SPI—SPE A3
产品	产品材料	高精度尺寸数				
产品	PC	10				
模具	长/mm	宽/mm	高/mm	出模腔数	型腔体积/mm³	模架材料
模具	500	400	400	2	120000	S50C
模具	型腔形式	型芯形式	主分型面	局部抽芯数		大抽芯数
模具	整体镶块	整体镶块	平面	8		1×2
模具	型腔材料	S136	型芯材料	8407	其他主材	635
模具	材料硬度 HRC	52~54	材料硬度 HRC	52~54	材料硬度 HRC	58~62
模具	复合直抽芯	复合曲线抽芯	二维斜推块	三维斜推块	浇口形式	热流道
模具		8			潜式 2×2	非针阀式 1 点
模具	寿命	面栅结构	网孔结构			
模具	50 万模次以上					

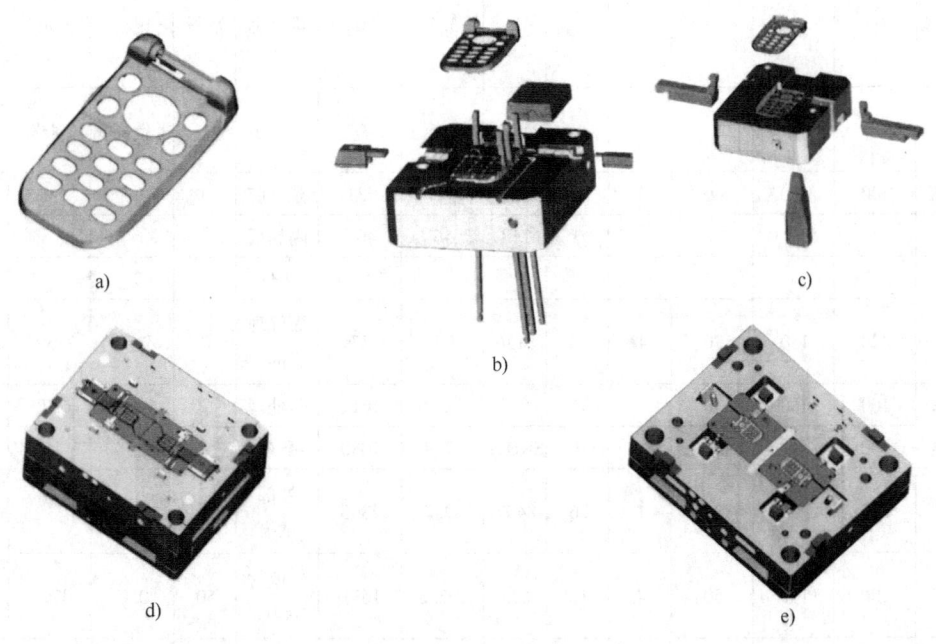

图 3-2 手机前壳产品及模具简图

a) 产品正图   b) 模具型芯 1   c) 模具型腔 1   d) 模具型芯 2   e) 模具型腔 2

表 3-17　手机前壳工时参数估价总表

客户	客户名	机种名	部品名	注塑材料	密度/(kg/m³)	产品	长(L)/mm	宽(W)/mm	高(H)/mm	产品体积/mm³	产品重量/t
		折叠手机	前壳	PC	1190		80	50	15	5120	0.006

模具	长(L)/mm	宽(W)/mm	高(H)/mm	重量/kg	注塑机吨位/t	型腔	型芯	每模取件数	取件方式	产品表面	热流道
	500	400	400	948	100	镶块	镶块	1模2件相同	机械手	1200 粒	非针阀式

模架材料/部品明细									其他零件/部品明细			
模具零件名	长(L)/mm	宽(W)/mm	高(H)/mm	数量	重量/kg	材质	单价/(元/kg)	金额/元	零件名	数量	材质	单价/(元/kg)	金额/元
基本模架	500	400	400	1	948	50C	6.4	6070	斜推块/kg	8	635	102.6	821
定模座板	500	400	40	1	114	50C	6.4	731	斜导柱				0
自动脱料板						45C	5.6	0	顶杆	36		12.7	457
型腔板	500	400	100	1	223	50C	6.4	1426	顶管	12		29.6	355
型芯板	500	400	100	1	223	50C	6.4	1426	弹簧	4		210	840
顶出推板						45C	5.6	0	合计				2473
模脚支架						45C	5.6	0	选购件明细			
推杆固定板						45C	5.6	0	零件名	数量	规格	单价/(元/kg)	金额/元
推板						45C	5.6	0	热流道	1	非针阀式	10000	10000
动模座板	500	400	40	1	114	50C	6.4	731	截流腔				0
其他					0	718	56	0	隔热板				0
模架合计								10384	备件				0
定模镶件	1	320	150	70	1	26	S136	94	2479	面处理/mm²	0	亚光	2.393	0
定模镶件	2	100	100	50	4	16	635	102.6	1611	热处理	120		6.75	810
定模镶件	3	100	60	50	8	19	SKD61	57.3	1080	雕刻				0
动模镶件	1	320	150	70	1	26	8407	89.7	2366	外部试模				0
动模镶件	2	100	100	50	4	16	635	102.6	1611	试模材料/kg	50	0.0	32.1	1605
动模镶件	3	100	60	50	8	19	SKD61	57.3	1080	运输费				0

(续)

模架材料/部品明细									选购件明细				
模具零件名		长(L)/mm	宽(W)/mm	高(H)/mm	数量	重量/kg	材质	单价/(元/kg)	金额/元	零件名	数量	材质	单价/(元/kg)	金额/元
滑块	1	120	100	60	4	23	635	102.6	2320					0
	2					0	718	55.6	0					0
	3					0	718	55.6	0					0
合计									12546	合计				12415
工艺性材料明细										整套购入部件或客户专定外购服务				
电极	1	100	70	50	2	2.4	精石墨	102.6	86	热流道系统				0
	2	150	50	50	2	8.9	阴极铜	47	157	液压缸				0
	3					8.9	阴极铜	47	0	电动机				0
	4					8.9	阴极铜	47	0	面处理/mm^2	0	一层皮纹	2.564	0
夹具	1					0	718	55.6	0	出口包装				0
	2					0	718	55.6	10	出口经费				0
	3					0	718	55.6	0					0
其他		200	100	60	2	18.84	PX5	25.6	482					0
合计									725	合计				0

基点工时/h	K_{z1}	K_{z2}	K_{z3}	K_{z4}	K_{z0}	基点工价/(元/h)	工费/元	管理费率	管理费/元	利润率	利润/元	税率	税金/元	估算价/元
80	1.8	3.2	2	1.3	15	60	73780.8	0.18	20218	0.15	19881	17%	25912	178335

（续）

钢材单价调整表					其他材料单价调整表				塑料单价调整表			
材料名	不含税价/（元/kg）	与45C差/（元/kg）	含税价/（元/kg）	密度/（kg/mm³）	材料名	不含税价/（元/kg）	含税价/（元/kg）	密度/（kg/m³）	材料名	无税价/（元/kg）	含税价/（元/kg）	密度/（kg/m³）
45C	5.6	0	6.5		精石墨	102.6	120	2400	ABS	12.8	15	1090
50C	6.4	0.8	7.5		粗石墨	29.9	35	2100	AS	12.6	14.8	1090
S55C	6.8	1.2	8		阴极铜	47	55	8900	HIPS	10.3	12	1000
45锻件	9	3.4	10.5						PS	10	11.7	1050
国产P20	15.4	9.8	18						PP	9.8	11.5	910
2738	22.2	16.6	26	7850	铍铜硬	555.6	650	8100	硬PVC	9.4	11	1400
718	55.6	50	65		LY12	29.1	34	2710	HDPE	9.4	11	960
738	22.2	16.6	26		隔热板/m	854.7	1000		LDPE	10.1	11.8	920
PX5	25.6	20	30						PC	32.1	37.5	1190
NAK80	56.4	50.8	66						PA66	26.9	31.5	1130
DH2F	81.2	75.6	95									
SKD61	57.3	57.3	67									
S136	94	88.4	110									
8407	89.7	84.1	105									
635	102.6	97	120			0						

调整表

型腔	型芯	每模取件数	取件方式	表面要求	热流道	皮纹类别	无税价/（元/cm²）	含税价/（元/cm²）
整体	整体	1模1件	手动	一层皮纹	自制简易	亚光	2.4	2.8
镶块	镶块	1模2件相同	自动落料	二层皮纹	非针阀式	喷砂	1.7	2
镶拼	镶拼	1模2件2不同	机械手	三层皮纹	针阀式	一层皮纹	2.6	3
		1模3件相同		亚光		二层皮纹	5.1	6
		1模4件相同		喷砂		三层皮纹	6.8	8
		1模4件2不同		1000粒			0	
		1模3件3不同		1200粒	整系统购入		0	

(续)

型腔	型芯	每模取件数	取件方式	表面要求	热流道	皮纹类别	无税价/(元/cm²)	含税价/(元/cm²)
		1模6件相同		1500粒			0	
				2000粒			0	
				3000粒			0	
				8000粒			0	
				12000粒			0	
				14000粒			0	

表3-18 手机前壳材料比价法估价总表

客户	客户名	机种名	部品名	注射材料	密度/(kg/m³)	产品	长(L)/mm	宽(W)/mm	高(H)/mm	产品体积/mm³	产品重量/t
		折叠手机	前壳	PC	1190		80	50	15	5120	0.006
模具	长(L)/mm	宽(W)/mm	高(H)/mm	重量/kg	注射机吨位/t	型腔	型芯	每模取件数	取件方式	产品表面	热流道
	500	400	400	924	100	镶块	镶块	1模2件相同	机械手	1200粒	非针阀式

	模架材料/部品明细						其他零件/部品明细				材料设定价/(元/kg)(含税)	
模具零件名	长(L)/mm	宽(W)/mm	高(H)/mm	数量	重量/kg	材质	设定价/元	金额差价/元	零件名	数量	材质	单价/(元/kg)	金额/元
定模座板	500	400	40	1	120	50C	660	240	斜推块	8	635	120	960	45C	5.5
截流腔座板					0	45C	0	0	斜导柱				0	50C	6.5
自动脱料板					0	45C	0	0	顶杆	36		15	540	55C	7
型腔板	500	400	100	1	223	50C	1226	446	顶管	12		35	420	45锻件	9
型芯板	500	400	120	1	257	50C	1414	514	弹簧	4		245	980	国产P20	18
型芯底板					0	45C	0	0	导柱导套	4		250	1000	2738	25
顶出推板					0	45C	0	0	合计				3900	618	27
														718	65

（续）

模架材料/部品明细									选购件明细					材料设定价/(元/kg)(含税)	
模具零件名	长(L)/mm	宽(W)/mm	高(H)/mm	数量	重量/kg	材质	设定价/元	金额差价/元							
模脚支架	500	80	100	2	98	50C	539	196						738	26
推杆固定板	500	240	25	1	48	50C	263	96	零件名	数量	规格	单价/(元/kg)	金额/元	PX5	28
推板	500	240	35	1	58	50C	321	117	热流道	1	非针阀式	10000	10000	NAK80	66

模架材料/部品明细									选购件明细					材料设定价/(元/kg)(含税)	
模具零件名	长(L)/mm	宽(W)/mm	高(H)/mm	数量	重量/kg	材质	设定价/元	金额差价/元	零件名	数量	材质	单价/(元/kg)	金额/元		
动模座板	500	400	40	1	120	50C	660	240	截流腔				0	45C	5.5
						45C	0	0	隔热板				0	SKD61	65
模架合计				400	924		5083	1848	备件				0	S163	100
定模镶件 1	320	150	70	1	26	S136	2374	528	面处理/cm²	0	亚光	2.8	0	8407	95
定模镶件 2	100	100	50	4	16	635	1413	471	热处理	120		8	960	635	110
定模镶件 3	100	60	50	8	19	SKD61	1225	38	雕刻				0		
动模镶件 1	320	150	70	1	26	8407	2374	396	外部试模				0		
动模镶件 2	100	100	50	4	16	635	1413	471	试模材料/kg	50	PC	37.5	1875		
动模镶件 3	100	60	50	8	19	SKD61	1225	38	运输费				0	铍铜硬	650

(续)

模架材料/部品明细								选购件明细					材料设定价/(元/kg)（含税）	
模具零件名		长(L)/mm	宽(W)/mm	高(H)/mm	数量	重量/kg	材质	设定价/元	金额差价/元	零件名	数量	材质	单价/(元/kg)	金额/元	45C	5.5
滑块	1	120	100	60	4	23	635	2035	678					0	铍铜	380
	2					0	45C	0	0					0	LY12	34
	3					0	45C	0	0					0	隔热板/m²	1000
合计								12058	2619	合计				12835		
工艺性材料明细								整套购入部件或客户专定外购服务					精石墨	120	
电极	1	100	70	50	2	2.4	精石墨	59	143	热流道系统				0	粗石墨	35
	2	150	50	50	2	8.9	阴极铜	267	1000	液压缸				0	阴极铜	40
	3				1	8.9	阴极铜	0	0	电动机				0		
	4					8.9	阴极铜	0	0	面处理/cm²	一层	皮纹	3	0		
夹具	1					0	45C	0	0	出口包装				0		
	2					0	45C	0	0	出口经费				0		
	3					0	45C	0	0							
其他		200	100	60	2	18.84	PX5	339	226							
合计								665	469	合计						

基点材料价/元	K'_{z1}	K'_{z2}	K'_{z3}	K'_{z4}	K'_{z0}	基价/元	材料差价/元	其他材料价/元	管理费	利润率	利润/元	税率	税额/元	估算价/元
17805	3.2	2	2	0.5	7.7	154017	4936	16735						177362

（续）

钢材单价调整表				其他材料单价调整表				塑料单价调整表			
材料名	设定价/（元/kg）	与45C差价/（元/kg）	含税价/（元/kg）	密度/（kg/m³）	材料名	不含税价/（元/kg）	含税价/（元/kg）	密度/（kg/m³）	材料名	无税价/（元/kg）	含税价/（元/kg）	密度/（kg/m³）
45C	5.5		6.5		精石墨	35	120	240	ABS	12.8	15	1090
50C	5.5		75		粗石墨	35	35	2100	AS	12.6	148	1090
S55C	5.5		8		阴极铜	40	55	8900	HIPS	10.3	12	1000
45锻件	5.5		10.5						PS	10	11.7	1050
国产P20	18		18						PP	9.8	11.5	910
2738	18		26		铍铜硬	555.6	650	8100	硬PVC	9.4	11	1400
618	18		27		铍铜	324.8	380	8100	软PVC	6.2	7.2	1250
718	65		65	7850	LY12	29.1	34	2710	HDPE	9.4	11	960
738	18		26		隔热板/m²	854.7	1000		LDPE	10.1	11.8	920
PX5	18		30						PC	32.1	37.5	1190
NAK80	65		66						PA66	26.9	31.5	1130
DH2F	90		95							0		
SKD61	65		67							0		
S136	90		110									
8407	90		105									
635	90		120			0				0		

调 整 表

型腔	型芯	每模取件数	取件方式	表面要求	热流道	皮纹类别	无税价/（元/cm²）	含税价/（元/cm²）
整体	整体	1模1件	手动	一层皮纹	自制简易	亚光	2.4	2.8
镶块	镶块	1模2件相同	自动落料	二层皮纹	非针阀式	喷砂	1.7	2
镶拼	镶拼	1模2件2不同	机械手	三层皮纹	针阀式	一层皮纹	2.6	3
		1模3件相同		亚光		二层皮纹	5.1	6
		1模4件相同		喷砂		三层皮纹	6.8	8
		1模4件2不同		1000粒			0	
		1模3件3不同		1200粒	整系统购入		0	
		1模6件相同		1500粒			0	

(续)

型腔	型芯		每模取件数	取件方式	表面要求	热流道	皮纹类别	无税价/(元/cm²)	含税价/(元/cm²)
					2000 粒			0	
					3000 粒			0	
					8000 粒			0	
					12000 粒			0	
					14000 粒			0	

调 整 表

第四章 小型冲压模具估价方法

在小型冲压模具价格估算方法中,基点工时估算法和重量估算法应用最为广泛。本章重点介绍这两种方法。

1. 小型冲压模具的含义

所谓小型冲压模具是相对于中、大型冲压模具而言,其体积(或称规格)要比后者小。目前,模具业一般以模具底板的半周长来予以划分,当模具底板的半周长小于1400mm时,统称为小型冲压模具。

2. 小型冲压模具的种类

小型冲压模具依工序类型的不同可分为单工序小型冲压模具和多工序小型冲压模具。单工序小型冲压模具包括落料模、冲孔模、压弯模、成型模、拉深模等;多工序小型冲压模具包括复合模、级进模等。本章将重点介绍单工序小型冲压模具以及较为常见的小型复合模的计价方法,对于其他类型小型冲压模具的价格估算,可参考此类模具的价格估算原理和方法,适当进行调整。

3. 小型冲压模具的制造工艺

小型冲压模具与中、大型冲压模具除了在规格大小方面有所区别外,它们在结构与材质方面也不尽相同,所以在制造工艺上也存在着差异。小型冲压模具的常规制造工艺流程如图4-1所示。其中精加工的主要手段为数控加工、电火花加工和磨削(成形磨削、数控坐标磨削、光学曲线磨削)等。本章所涉及的关于小型冲压模具价格估算的方法及参数值,是以其常规制造工艺为基础而设定的,对于采用其他特殊工艺方法制造的小型冲压模具,其价格估

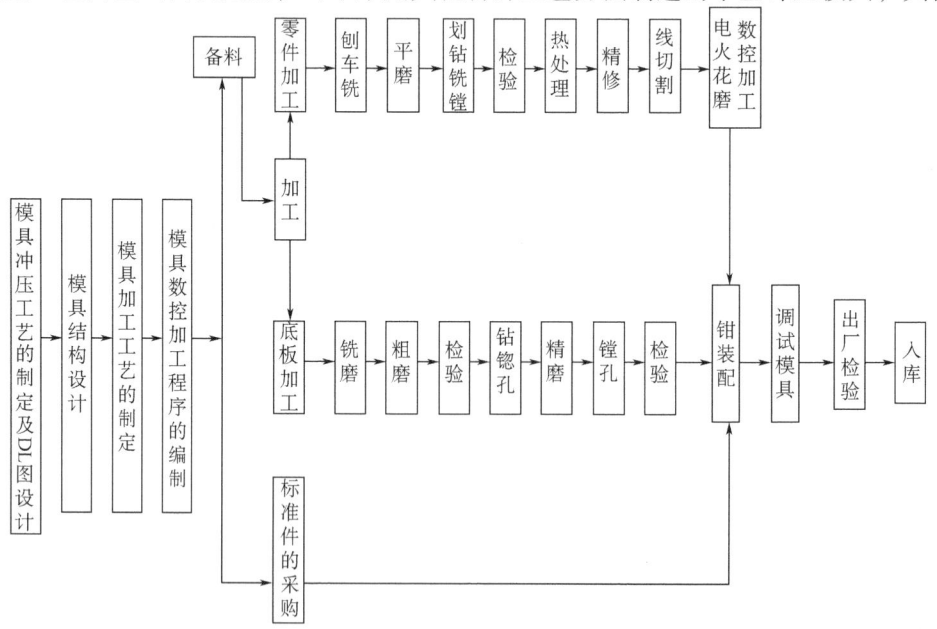

图4-1 小型冲压模具的常规制造工艺流程

算中的有关参数要作相应的修正。

第一节 小型冲压模具的估价方法

一、基点工时估算法

1. 基点工时估算法的公式及参数

根据第二章的有关内容和小型冲压模具的特点以及行业惯例，它的生产成本一般以其制造工费为基准予以核算。因此，小型冲压模具的销售成本的表达式为：

$$\begin{aligned} M_{xe} &= G_{xa}(1+d_x) + M_{x1} + M_{x3} + U_x + Q_x \\ &= [G_{xa}(1+d_x) + M_{x1} + U_x](1+g_x) + Q_x \end{aligned} \quad (4\text{-}1)$$

式中　M_{xe}——小型冲压模具的销售成本；

　　　G_{xa}——小型冲压模具的制造工费；

　　　d_x——小型冲压模具的设计费系数；

　　　M_{x1}——小型冲压模具的材料费；

　　　U_x——模具的试模费；

　　　Q_x——其他由合同确定的包装运输费等费用；

　　　M_{x3}——模具制造的管理费；

　　　g_x——模具制造的管理费系数。

从式(4-1)可知，小型冲压模具的制造工费 G_{xa} 和材料费是其销售成本的主要组成部分。

2. 小型冲压模具制造工费公式及有关参数

（1）制造工费计算公式　小型冲压模具的制造工费 G_{xa}，是其制造全过程中发生的全部工时费用的总和，即

$$G_{xa} = \sum T_x A_x \quad (4\text{-}2)$$

式中　$\sum T_x$——小型冲压模具制造全过程中的总工时(h)；

　　　A_x——单位工时的平均费用，简称工时单价(元/h)。

模具的制造总工时 $\sum T_x$ 与冲模的类型、结构、规格、精度、凹(凸)模刃口带的周长以及模架外购或自制等因素直接相关。因此，可以得出如下估算小型冲压模具制造总工时的公式：

$$\sum T_x = T_{x0} K_{x20} + \sum N_{xi} \quad (4\text{-}3)$$

式中　T_{x0}——小型冲压模具的制造基点工时(h,见表4-1)；

　　　K_{x20}——基点工时修正系数(见表4-2)；

　　　N_{xi}——小型冲压模具由于各种不同的因素所增加的工时(h)。

由式(4-3)可知，模具制造的总工时由基点工时和因相关因素增加的工时两部分组成。其中影响制造总工时的主要因素有六项，称之为因素工时，分别以 N_{x1}、N_{x2}、N_{x3}、N_{x4}、N_{x5}、N_{x6} 来表示，其中

　　　N_{x1}——冲裁件周长因素工时(h)；

　　　N_{x2}——自制铸铁标准底板模架的因素工时(h)；

　　　N_{x3}——自制钢底板模架的因素工时(h)；

　　　N_{x4}——采用慢走丝线切割机床加工的因素工时(h)；

　　　N_{x5}——多孔冲孔模的因素工时(h)；

N_{x6}——复合模冲各种型孔的因素工时(h)。

(2) 制造工费计算公式中的参数

1) 工时单价 A_x。工时单价 A_x 是将完全成本中的原材料费、设计费、试模费、销售费用等非制造费用去除后的非完全成本与制造过程中实际发生的所有工时之和的比值。

由于小型冲压模具的类型很多,而且模具的结构、规格、精度等也不尽相同,所以工时单价 A_x 的数值在不同类别、规格、精度的模具上也应有区别,据调查,小型模具的工时单价一般为 20~100 元/h。

2) 小型冲压模具的制造基点工时 T_{x0}。基点工时的含义:常见的典型结构类型的模具,按全国平均先进水平制造的工时称为基点工时,在这里用 T_{x0} 表示,T_{x0} 因模具结构、规格的不同而不同,详见表 4-1。

在表 4-1 中:

① 矩形凹模板周界以"长×宽"表示,圆形凹模板周界以"直径"表示。

② 各类模具的基点工时中均不含模架工时。

③ 各类模具的基点工时,均是以其凸、凹模型面采用电火花、线切割加工为基础条件而设定的,若采用磨削或数控加工,其值要作适当修正。

3) 基点工时修正系数 K_{x20}。由于表 4-1 中所列关于冲裁模(如落料模、冲孔模)的基点工时,均为非圆形件冲裁模的基点工时,而在多数情况下,圆形件冲裁模要比同类型、同结构、同规格的非圆形件冲裁模在生产中所耗用的工时要少,所以圆形件冲裁模的基点工时需要在表 4-1 中相应的基点工时的基础上通过系数 K_{x20} 修正后得到。基点工时修正系数 K_{x20} 的值详见表 4-2。

表 4-1 小型冲压模具的制造基点工时 T_{x0} (单位:h)

模具类型	模具结构或冲件形状	凹模周界/mm									
		63×50 (φ63)	80×63 (φ80)	100×80 (φ100)	125×100 (φ125)	160×125 (φ160)	200×160 (φ200)	250×200 (φ250)	315×200 (φ315)	400×315 (φ400)	500×400 (φ500)
落料模	固定卸料工件下漏	37	40	45	56	68	98	125	183	278	365
	弹压卸料工件下漏	41	43	49	60	72	105	131	191	285	373
	固定卸料工件下顶	43	46	53	65	76	110	138	199	298	388
	弹压卸料工件下顶	47	50	56	68	81	114	143	205	306	395
	凹模倒装工件上打	43	46	53	65	76	110	138	199	299	388
	平均值 T'_{x0}	39	45	51	61	75	107	135	195	293	382
冲孔模	固定卸料工件下漏	38	40	46	56	68	98	126	185	278	369
	弹压卸料工件下漏	41	43	49	59	73	105	130	190	285	373
	弹压倒装工件上打	43	46	53	65	76	110	138	199	298	388
	工件上打废料下漏	47	50	56	67	80	113	143	202	303	391
	平均值 T'_{x0}	42	45	51	62	74	107	134	194	291	380
复合模	倒装	56	59	66	77	91	126	157	221	326	418
	顺装	62	66	73	86	99	135	169	235	344	418
	平均值 T'_{x0}	59	63	71	82	95	131	161	228	335	418

（续）

模具类型	模具结构或冲件形状	凹模周界/mm									
		63×50 (ϕ63)	80×63 (ϕ80)	100×80 (ϕ100)	125×100 (ϕ125)	160×125 (ϕ160)	200×160 (ϕ200)	250×200 (ϕ250)	315×200 (ϕ315)	400×315 (ϕ400)	500×400 (ϕ500)
弯曲模	V形	27	31	35	38	41	48	53	63	73	90
	U形	41	43	48	51	59	69	79	88	99	108
	平均值 T'_{x0}	34	37	43	45	50	59	66	76	86	99
拉深模	圆形落料拉深	40	41	43	47	53	59	68	81	106	121
	矩形拉深	57	62	68	79	93	113	153	201	258	325
	平均值 T'_{x0}	49	50	56	63	73	86	111	141	182	223

注：模具规格栏括号中的圆形件基点工时参考表4-2修正。

表4-2 基点工时修正系数 K_{x20}

系数	非冲裁模或圆形件冲裁模	圆形件冲裁模凹模周界/mm									
		ϕ63	ϕ80	ϕ100	ϕ125	ϕ160	ϕ200	ϕ250	ϕ315	ϕ400	ϕ500
K_{x20}	1.00	0.74	0.73	0.70	0.66	0.61	0.50	0.45	0.37	0.30	0.28

4）冲裁件周长因素工时 N_{x1}。相对于两套同类型、同结构、同规格的冲裁模而言，它们的基点工时是完全相同的，但它们冲裁的周长却不一定相等，那么它们的制造总工时 $\sum T_x$ 也不一定相等，这时就要引入冲裁件周长因素工时 N_{x1}。表4-1中关于各规格冲裁模的基点工时，均是以冲裁某一固定的周长为基础条件而设定的。这里，将这一固定周长称作周长基数。因此，在冲裁实际周长大于周长基数时，均要予以修正。因素工时 N_{x1} 的计算公式见式(4-4)：

$$N_{x1} = T_{x0} K_{x20} K_{x21} (Z_x / Z_{x0} - 1) \tag{4-4}$$

式中 K_{x21}——冲裁周长因素工时的系数（见表4-3）；

Z_x——冲裁实际周长（mm）；

Z_{x0}——冲裁周长基数（mm，见表4-3）。

表4-3 系数 K_{x21} 和周长基数 Z_{x0}

凹模周界/mm		63×50 (ϕ3)	80×63 (ϕ180)	100×80 (ϕ100)	80×125 (ϕ125)	210×160 (ϕ160)	160×125 (ϕ200)	250×200 (ϕ1250)	315×250 (ϕ15)	400×315 (ϕ400)	500×400 (ϕ500)
Z_{x0}/mm		60	90	120	200	300	420	560	740	1000	1360
K_{x21}	圆形件	0.28	0.32	0.38	0.45	0.50	0.52	0.54	0.56	0.58	0.60
	非圆形件	0.30	0.34	0.40	0.48	0.53	0.55	0.57	0.60	0.62	0.64

5）自制铸铁标准底板模架的因素工时 N_{x2}。由于表4-1中所列举的各类模具的基点工时均不含模架制造工时，所以当自制铸铁标准模架时需增加一部分相应的工时，即自制铸铁标准底板模架的因素工时 N_{x2}，其计算公式如下：

$$N_{x2} = T'_{x0} K_{x22} \tag{4-5}$$

式中 T'_{x0}——各种结构或各种冲件形状的同类型同规格模具的基点工时平均值（见表4-1）；

K_{x22}——自制铸铁底板模架因素工时系数(见表4-4)。

表4-4 系数 K_{x22}

凹模周界/mm	63×50	80×63	100×80	125×100	180×125	200×160	250×200	315×250	400×315	500×400
K_{x22}	0.058	0.058	0.058	0.058	0.064	0.064	0.064	0.070	0.070	0.070

6) 自制钢底板模架的增加工时 N_{x3}。由于表4-1中所列举的各类模具的基点工时均不含模架制造工时,所以当自制钢底板模架时,需增加一部分相应的工时,即自制钢底板模架的增加工时 N_{x3},其计算公式如下:

$$N_{x3} = T'_{x0} K_{x23} \qquad (4-6)$$

式中 K_{x23}——自制钢底板模架因素工时系数(见表4-5)。

表4-5 系数 K_{x23}

凹模周界/mm	63×50	80×63	100×80	125×100	160×125	200×160	250×200	315×250	400×315	500×400
K_{x23}	0.38	0.37	0.35	0.31	0.28	0.20	0.17	0.13	0.10	0.07

7) 采用慢速走丝线切割机床加工的因素工时 N_{x4}。在模具制造过程中,当快速走丝线切割机床的加工精度达不到模具的精度要求时,就要采用高精度慢速走丝线切割机床加工,而后者的切割效率比前者的切割效率要低。因此在采用慢速走丝线切割机床加工时,需要相应地增加加工工时,记为因素工时 N_{x4},其计算公式如下:

$$N_{x4} = T_{x0} K_{x20} K_{x24} \qquad (4-7)$$

式中 K_{x24}——采用慢速走丝线切割机床加工的因素工时系数(见表4-6)。

表4-6 系数 K_{x24}

凹模周界/mm	63×50 (φ63)	80×63 (φ80)	100×80 (φ100)	125×100 (φ125)	160×125 (φ160)	200×160 (φ200)	250×200 (φ250)	315×250 (φ315)	400×315 (φ400)	500×400 (φ500)
K_{x24} 圆形冲件	0.59	0.68	0.81	0.95	1.06	1.01	1.14	1.19	1.23	1.27
K_{x24} 非圆形冲件	0.64	0.72	0.85	1.02	1.12	1.17	1.21	1.27	1.31	1.36

8) 多孔冲孔模的因素工时 N_{x5}。由于表4-1中所列举的冲孔模的基点工时,是以冲其中一个相应直径大小的孔为前提而设定的。当冲孔模所冲的孔多于一个时,其制造总工时将随孔数的增多而增加,这时就要引入多孔冲孔模的因素工时 N_{x5},其计算公式如下:

$$N_{x5} = \sum t_{xi} - T_{x0} K_{x21} \qquad (4-8)$$

式中 t_{xi}——各种孔的单孔工时(h,见表4-7);

$\sum t_{xi}$——所有孔的工时之和(h);

$T_{x0} K_{x21}$——所选取的用来确定基点工时的孔的工时(h)。

表4-7 各种孔的单孔工时 t_{xi} (单位:h)

孔的规格	圆孔直径/mm						非圆孔周长/mm					
	≤φ6	φ6~12	φ12~16	φ16~20	φ120~25	φ25~30	≤60	60~80	80~100	100~150	150~200	250~300	250~300
t_{xi}	4	4.5	6	7.5	8.5	9	13.5	15	17.5	22.5	24	32	36

9）复合模冲各种型孔的因素工时 N_{x6}。由于表 4-1 中所列举的复合模的基点工时未含冲孔工时，因此在计算复合模的制造总工时 $\sum t_{xi}$ 时，需将复合模内所有冲孔的工时逐个累加于它的基点工时之中，这时就要引入复合模内冲各型孔的因素工时 N_{x6}，其计算公式如下：

$$N_{x6} = \sum t_{xi} \tag{4-9}$$

式中　t_{xi}——各种孔的单孔工时（h，见表 4-7）；

　　　$\sum t_{xi}$——所有孔的工时之和（h）。

3. 小型冲压模具材料费的公式及参数

小型冲压模具的材料费由两部分费用构成，其中一部分为标准件（含标准模架）的采购费；另一部分为凸模板、凹模板、固定板、垫板、卸料板等原材料费。由于小型冲压模具自身的特点，其材料费在其生产成本中所占的比例较小，约为生产成本的 20%~25%，对于小型冲压模具中规格偏小的模具，其材料费可按此比例予以估算，其公式为：

$$M_{x1} = [G_{xa}(1+d_x) + U_x]/(1 - K_{x7}) - [G_{xa}(1+d_x) + U_x] \tag{4-10}$$

式中　M_{x1}——小型冲压模具材料费的计算价（元）；

　　　K_{x7}——小型冲压模具原材料费的估算系数，$K_{x7} = 0.15 \sim 0.20$，普通模具材料取下限值，高档模具材料取上限值。

对于小型冲压模具中规格偏大的或主要零件的材质为硬质合金的模具，其原材料费就要按模具零件的坯料重量来计算，其计算公式如下：

$$M_{x1} = \sum 1.3 V_{xi} \rho_i \times 10^{-3} @_{xI} + \sum @_{x0} \tag{4-11}$$

式中　M_{x1}——小型冲压模具材料费的计算价（元）；

　　　V_{xi}——所用各种模具钢材的体积（cm³）；

　　　ρ_i——各种模具钢材的密度（kg/m³）；

　　　$@_{xI}$——所用各种模具钢材的单价（元/kg）；

　　　$\sum @_{x0}$——所用标准模架及标准件的总价（元）。

小型冲压模具的结构多为典型结构，因此利用式（4-11）计算冲压的材料费时，即使是在已有了模具图样的情况下，也无需将其所有零件的体积累加起来，而只需择其影响材料总重的主要零件予以粗算即可，因为普通小型冲压模型的材料费在生产成本中所占的比例较小，即使粗算也不会对其总价格有很大影响。

4. 估算小型冲压模具销售价格的公式及参数

综上所述，可以得出小型冲压模具的销售价格表达式：

$$P_x = M_{xe} + R_x + T_x$$
$$= [G_{xa}(1+d_x) + M_{x1} + U_x](1+g_x) + Q_x + R_x + T_x$$

式中　P_x——模具销售价格；

　　　Q_x——其他费用，包括模具的包装费、运输费、运输中的保险费等；

　　　R_x——利润；

　　　T_x——应缴增值税。

如果将上式中的利润 R_x、税金 T_x 分别以成本利润率 P_{xr}、税率 t_{xr} 来体现，那么就可以得到如下计算模具销售价格 P_x 的公式

$$P_x = \{[G_{xa}(1+d_x) + M_{x1} + U_x](1+g_x) + Q_x\}(1+P_{xr})(1+t_{xr}) \tag{4-12}$$

式中　d_x——模具设计费系数（见表 4-8）；

P_{xr}——成本利润率(见表4-9);

t_{xr}——税率(见表4-9);

g_x——管理费系数(见表4-9)。

表4-8 小型冲压模具设计费系数 d_x

设计分类	审核模具图样	依冲件图设计模具	依冲件样品设计模具
d_x	0.02~0.03	0.08~0.10	0.12~0.15

表4-9 小型冲压模具的成本利润率、税率、管理费系数

成本利润率 P_{xr}	税率 t_{xr}	管理费系数 g_x
20%~30%	17%	5%~8%

5. 小型冲压模具估价的步骤

综前所述,小型冲压模具估价的公式共计有三组,即

1) 计算制造工费:式(4-2)、式(4-3)。
2) 计算材料费:式(4-11)。
3) 计算销售价格:式(4-12)。

计算销售价格 P_x 的参数共有8个:制造工费 G_{xa}、材料费 M_{x1}、设计费系数 d_x、试模费 U_x、管理费系数 g_x、其他费用 Q_x、成本利润率 P_{xr} 和税率 t_{xr}。在这8个参数中,制造工费 G_{xa} 和材料费 M_{x1} 通过计算求取,而其余的6个参数只需直接赋值即可。

计算小型冲压模具的销售价格 P_x 时,通常需要经过以下三个步骤。

第一步:计算小型冲压模具的工费 G_{xa}

1) 根据模具类型、模具结构或弯曲模及拉深模的冲件形状、凹模板周界尺寸由表4-1确定基点工时 T_{x0} 的值。
2) 根据圆形件冲裁模的凹模板周界尺寸,由表4-2选取基点工时修正系数 K_{x20} 的值。
3) 列出需增加工时的相关因素,依据式(4-4)~式(4-9),分别确定各因素工时 N_{x1}~N_{x6},然后逐一累加计算因素工时。
4) 依据式(4-3)计算制造总工时 $\sum T_x$ 的值。
5) 确定工时单价 A_x 的值。
6) 依据式(4-2)计算制造工费 G_{xa} 的值。

第二步:计算小型冲压模具的材料费 M_{x1}

1) 估算模具的总体积 V_{xi}(不含模架)。
2) 确定所用模具钢的综合单价。
3) 累计外购标准模架及标准件的总价。
4) 依据式(4-11)计算原材料 M_{x1} 的值。

第三步:计算小型冲压模具的销售价格 P_x

1) 由表4-9选取设计费系数 d_x 的值。
2) 由表4-11选取成本利润率 P_{xr} 和税率 t_{xr} 的值。
3) 按实际发生费用确定试模费 U_x 和其他费用 Q_x。

4）依据式(4-12)计算销售价格 P_x 的值。

二、重量估算法

1. 重量估算法的含义

所谓重量估算法，顾名思义，它是一种将模具的销售成本按照一定比例分解到模具重量中，并以模具重量和单位重量价格（又称含金额度，单位万元/t，记作 A_{x0}）作为主要价格要素来计算模具价格的方法。它具有简单、快捷的特点，适应当今某些制品的模具报价，是最常用的报价方法之一。

2. 重量估算法的计算公式

小型冲压模具的工艺较典型，可选性不大，结构较简单且很常见，故"模具结构"与"冲压工艺"这两个因素对 A_{x0} 值的影响较小，可以不予考虑，这也是和中、大型冲压模具的主要区别之一。制件的形状复杂、模具材料显然影响单位重量的加工和材料费用。此外，制件厚度对 A_{x0} 值的影响尤为突出，它也是直接影响模具材料类型的主要因素，从而影响加工难度、热处理的方式、加工设备和刀具选择等等，最终对模具价格产生较大影响。由此，本书选取上述三个特征为估价系数，如

$$\begin{aligned} P'_x &= W'_x A_{x0}(1 + K'_{x1} + K'_{x2} + K'_{x3})(1 + g_x)(1 + p_{xr})(1 + t_{xr}) \\ &= V_x \rho K_{xw} A_{x0}(1 + K'_{x1} + K'_{x2} + K'_{x3})(1 + g_x)(1 + p_{xr})(1 + t_{xr}) \\ &= L_x B_x H_x \rho K_{xw} A_{x0}(1 + K'_{x1} + K'_{x2} + K'_{x3})(1 + g_x)(1 + p_{xr})(1 + t_{xr}) \end{aligned} \quad (4\text{-}13)$$

式中　P'_x——模具销售价格（万元）；

　　　W'_x——模具实体重量（t）；

　　　K_{xw}——模具实体重量系数；

　　　ρ——模具材料的密度（kg/m³）；

　　　A_{x0}——重量的含金额度（即吨价，万元/t）；

　　　L_x——模具的长度（m）；

　　　B_x——模具的宽度（m）；

　　　H_x——模具的闭合高度（m）；

　　　K'_{x1}——制件的形状复杂系数；

　　　K'_{x2}——模具材料系数；

　　　K'_{x3}——制件厚度系数；

　　　g_x、p_{xr}、t_{xr} 含义同前。

以下对各主要因素进行说明：

（1）模具销售价格 P'_x　以模具重量和单位重量价格作为价格要素估算的模具销售价格，模具的设计开发费、材料费、加工制造的费用都包含在重量的含金额度（即吨价 A_{x0}）中。

（2）模具实体重量 W'_x　这里所说的模具实体重量，是指在没有设计制造前，通过零件尺寸以及设计制造经验估算的模具尺寸计算的实体重量。其计算公式如下：

$$W'_x = L_x B_x H_x \rho K_{xw} \quad (4\text{-}14)$$

因为模具的尺寸是估算的，在估算时已经对整个模具的尺寸进行了放量，故在公式中不用再考虑放量问题。

（3）模具实体重量系数 K_{xw}　由于模具本身并不是轮廓尺寸包含的实体，有些地方是空

开的,所以,在计算模具实体重量时要乘以一个系数,该系数即为模具重量实体系数 K_{xw},$0.6 \leqslant K_{xw} < 1.0$。

(4) 模具材料的密度 ρ 模具制造常用材料的有 45 钢、T10A、Cr12MoV 等模具钢,以及 HT250、HT300 等铸造材料,其密度都与铁的密度非常接近,所以在计算公式中模具材料的密度 ρ 取 $7850 kg/m^3$。

(5) 模具重量的含金额度 A_{x0} 模具重量的含金额度即吨价,它是设计、制造、装配、调试、运输、售后服务等所有费用分解到单位重量中的量化体现。在不同的国家,不同的企业,由于加工制造的手段、模具原材料等方面的不同,其 A_{x0} 值也不同。此外,模具的种类不同,其 A_{x0} 值肯定不一样,如一般成型类模具的 A_{x0} 值就比冲裁类模具的 A_{x0} 值大,其具体取值大小有待经验积累。

(6) 制件的形状复杂系数 K'_{x1}、材料系数 K'_{x2}、厚度系数 K'_{x3} 制件的形状复杂程度、制件材料以及制件板料厚度都会对模具的计价具有显著影响,根据经验,相关参数见表 4-10~表 4-12。

表 4-10 制件的形状复杂系数 K'_{x1}

类型	冲 裁 类		成 型 类	
明细	平面制件	立体制件	一般成型制件	拉深成型制件
K'_{x1}	0	0.1~0.3	0.1~0.2	0.3

表 4-11 模具材料系数 K'_{x2}

类型及明细	冲 裁 类			成 型 类		拉 深 类	
选用材料	45 钢	T10A	CH-1、Cr12MoV	CH-1、T10A	Cr12 Cr12MoV	HT300	MoCr,铸铁
K'_{x2}	0	0.03	0.05	0.05	0.1	0.05	0.1

表 4-12 制件材料厚度系数 K'_{x3}

制件材料厚度 t/mm	K'_{x3}	制件材料厚度 t/mm	K'_{x3}
$t<1$	0.2	$2<t\leqslant 6$	0.2
$1<t\leqslant 2$	0	$6<t$	0.3

(7) 税率 t_{xr}、成本利润率 P_{xr} 税率、成本利润率是模具厂家通常选用的参数,也是模具价格的重要组成部分,两个参数的选取详见表 4-9。

第二节 小型冲压模具估价实例

例 4-1 试计算一冷冲模的销售价格。冲压零件如图 4-2 所示,材料为 1Cr13,料厚为 1mm。模具图由制造方依冲件图设计。制件及模具的相关信息见表 4-13。

表 4-13　实例 1 制件及模具相关信息　　　　　　　　（单位：mm）

制件名称	制件材料	制件料厚	制件周长	凹具尺寸	模具类型
仪表底板	1Cr13	1	230	400×220×260	落料冲孔模

第一步：计算该模具的制造工费 G_{xa}。

① 根据该冲压件的外形尺寸及腰形孔和 4 个 $\varPhi 4^{+0.1}_{\ 0}$ 孔的分布情况，宜选用倒装式复合模冲制，凹模板周界取为 125mm×100mm，模架取对角导柱模架（GB 2851.1—81　$L×B=$ 125mm×100mm），由表 4-1 查得

$$T_{x0}=77(\text{h})$$

② 由于该模具为非圆形件冲裁模，由表 4-2 查得

$$K_{x20}=1$$

对由于该冲裁件的周长 $Z_x=230$mm，查表 4-3 得：$K_{x21}=0.48$，$Z_{x0}=200$mm，再由式(4-4)得

$$\begin{aligned}N_{x1}&=T_{x0}K_{x20}K_{x21}(Z_x/Z_{x0}-1)\\&=77×1×0.48[(230/200)-1]\\&=5.54(\text{h})\end{aligned}$$

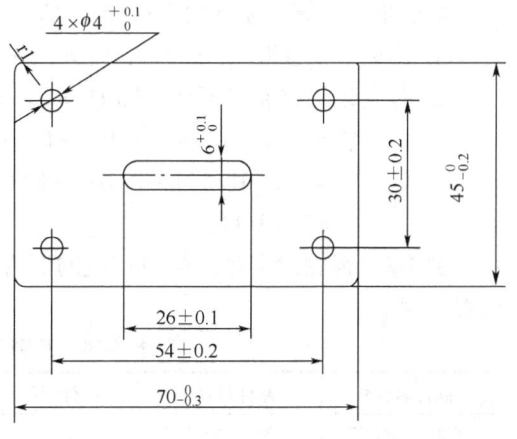

图 4-2　制件图

由于采用标准模架，且一般线切割机床就能满足要求，故而此 $N_{x2}=0$，$N_{x3}=0$，$N_{x4}=0$ 和 $N_{x5}=0$。

由冲裁件上有 5 个孔查表 4-7 可得

$$t_{x1}=t_{x2}=t_{x3}=t_{x4}=4\text{h}(圆孔直径=\varPhi 4<\varPhi 6)$$
$$t_{x5}=13.5\text{h}(非圆孔周长=58.84<60)$$

再由式(4-8)得

$$\begin{aligned}N_{x6}&=\sum t_{xi}=t_{x1}+t_{x2}+t_{x3}+t_{x4}+t_{x5}\\&=4+4+4+4+13.5\\&=29.5(\text{h})\end{aligned}$$

故

$$\begin{aligned}N_{xi}&=\sum N_{xi}=N_{x1}+N_{x2}+N_{x3}+N_{x4}+N_{x5}+N_{x6}\\&=5.54+0+0+0+0+29.5\\&=35.04(\text{h})\end{aligned}$$

③ 将数据代入式(4-3)得

$$\begin{aligned}\sum T_x&=T_{x0}K_{x20}+\sum N_{xi}\\&=77×1+35.04\\&=112.04(\text{h})\end{aligned}$$

④ 根据当前企业情况取 $A_x=30$ 元/h，则该模具的制造工费 G_{a2}。可由式(4-2)求得

$$G_{xa}=\sum T_xA_x=112.04×30=3361.2\ 元$$

第二步：计算该模具的原材料费 C_2。

该复合模尺寸不大，结构一般，原材料费可采用估算价核算。由表4-8 取 $d_x=0.10$，且 $U_x=0$，原材料费的估算系数 K_{x7} 取为 0.18。由式(4-10)得

$$M_{x1} = [G_{xa}(1+d_x)+U_x]/(1-K_{x7}) - [G_{xa}(1+d_x)+U_x]$$
$$= [3361.2(1+0.10)+0]/(1-0.18) - [3361.2(1+0.10)+0]$$
$$= 811.6(元)$$

第三步：计算该模具的销售价格 M_2。

① 由表4-9 选取 $p_{xr}=20\%$，$t_{xr}=17\%$，$g_x=6\%$；

② 包装运输费忽略不计，即 $Q_x=0$。则根据式(4-12)得

$$P_x = \{[G_{xa}(1+d_x)+M_{x1}+U_x](1+g_x)+Q_x\}(1+p_{xr})(1+t_{xr})$$
$$= \{[3361.2(1+0.10)+811.6+0](1+0.06)+0\}(1+0.2)(1+0.17)$$
$$= 6710.4(元)$$

例 4-2 齿轮齿室盖落料冲孔模的制件图和模具外形见图 4-3，制件及模具的相关信息见表4-14。

表4-14 实例2 制件及模具相关信息　　　　　　　　　　　　　　（单位：mm）

制件名称	制件材料	制件料厚	制件周长	模具尺寸	模具类型
齿轮齿室盖	ST14-ZF	1.5	1068.8	800×520×325	落料冲孔模

1. 基点工时估算法

（1）工费的计算　将 $T_{x0}=235$，$K_{x20}=1$，$K_{x21}=0.62$，$Z_x=1268.8$mm，$Z_{x0}=1000$mm，$T'_{x0}=228$h，$A_x=80$ 元/h，$K_{x22}=0.07$，$\sum t_{xi}=13.5$h 分别代入以下公式

$$G_{xa} = \sum T_x A_x$$
$$\sum T_x = T_{x0}K_{x20} + \sum N_{xi}$$
$$N_{x1} = T_{x0}K_{x20}K_{x21}(Z_x/Z_{x0}-1)$$
$$N_{x2} = T_{x0}K_{x22}$$
$$N_{x6} = \sum t_{xi}$$

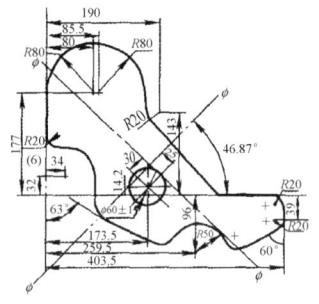

图 4-3　制件图

可以得到

$$G_{xa} = \sum T_x A_x$$
$$= [T_{x0}K_{x20} + (N_{x1}+N_{x2}+N_{x6})]A_x$$
$$= [235 \times 1 + (235 \times 1 \times 0.62 \times 0.268 + 228 \times 0.07 + 13.5)] \times 80 元$$
$$= 2.43 万元$$

（2）材料费的计算

$$M_{x1} = \sum 1.3 V_{xi}\rho_{xi} \times 10^{-3} @_{xI} + \sum @_{x0}$$
$$= 0.31 万元$$

（3）销售价格的计算　将 $d_x=0.1$，$U_x=0.16$，$Q_x=0$，$g_x=5\%$，$p_{xr}=20\%$，$t_{xr}=17\%$ 代入式(5-12)，可以得到：

$$P_x = \{[G_{xa}(1+d_x)+M_{x1}+U_x](1+g_x)+Q_x\}(1+p_{xr})(1+t_{xr})$$
$$= (2.43 \times 1.1 + 0.31 + 0.16) \times 1.05 \times 1.2 \times 1.17$$
$$= 4.63(万元)$$

2. 重量估算法

将 $L_x = 800\text{mm}$，$B_x = 520\text{mm}$，$H_x = 325\text{mm}$，$\rho = 7.85 \times 10^{-9} t/\text{mm}^3$，$K_{xw} = 0.7$，$A_{x0} = 4.2$ 万元/t，$K'_{x1} = 0$，$K'_{x2} = 0.03$，$K'_{x3} = 0$，$g_x = 5\%$，$p_{xr} = 20\%$，$t_{xr} = 17\%$ 代入式(4-13)，得

$$\begin{aligned}
P'_x &= W'_x A_{x0}(1 + K'_{x1} + K'_{x2} + K'_{x3})(1 + g_x)(1 + p_{xr})(1 + t_{xr}) \\
&= V_x \rho K_{xw} A_{x0}(1 + K'_{x1} + K'_{x2} + K'_{x3})(1 + g_x)(1 + p_{xr})(1 + t_{xr}) \\
&= L_x B_x H_x \rho K_{xw} A_{x0}(1 + K'_{x1} + K'_{x2} + K'_{x3})(1 + g_x)(1 + p_{xr})(1 + t_{xr}) \\
&= 800 \times 520 \times 325 \times 7.85 \times 10^{-9} \times 0.7 \times 4.2 \times 1.03 \times 1.05 \times 1.2 \times 1.17 \\
&= 4.74(万元)
\end{aligned}$$

第三节 级进模估价方法

一、级进模结构特点

级进模是能在一副模具上的不同区域按顺序完成多道冲压工序的一种精密、高效、复杂、昂贵的冲压模具，一般均具有自动送料功能，适于批量较大的冲压零件的加工。级进模的种类很多，模具结构也有所不同，但基本结构一般为板式结构。

当今，级进模的使用越来越广泛。纵观级进模具，均具有如下特点：

1) 模具结构精密复杂。材质要求具有较好的强度、刚度、抗疲劳性能；凸、凹模等工作件及其对应型孔的形位精度要求高；辅助检测元件要求齐全；使用大量的标准件。从水平方向看，模具可以划分为多副子模块系统，一般为2~4副，这是因为加工、安装和维修方便。每副子模架一般都有独立的导向装置；上模座和下模座都为整块板件，二者之间设有总导柱导套和防撞柱。

2) 工艺设计难度大。冲压件材料排样水平的高低直接影响模具的大小和冲压件的质量及带料利用率；模具零件之间定位要求精确度高；要保证自动送料的顺利进行；要考虑废料的处理和出件是否容易；构成级进模的零件数量多、结构复杂，要考虑易损件更换方便，还要防止产生干涉。开发费一般取为工时费的15%~30%。

3) 模具制造费用高。包含大量精密加工工序，如电子产品级进模的凸模刃口及导向部分一般采用光学曲线磨削加工；凹模刃口和卸料板上的凸模导向嵌块的导向部分一般需采用多道线切割加工或磨削加工，模板的上下平面要平面磨，模板上的定位型孔一般也需要多道线切割加工。虽然工作部分零件的材质价格昂贵，但其用量往往比较少，所以费用比例并不高。据统计，材料费一般占生产成本的15%~25%，不会超过25%。

二、级进模估价方法概述

从级进模的特点看出，与普通的模具相比，级进模材料费所占比重相对较小，而精密加工费比重相对较高，加工费用与工位数的多少密切相关。报价时，不适合采用重量估算法，而宜采用逐项估价法，并结合局部直接类比法。

根据前面有关模具的构成以及模具价格的分析，可知模具价格的确定关键在于对可计算部分即模具标准件费用、自制件（模架模板和成形工作零件）材料费用、模具加工费用的处理，尤其是加工费用的估算。以下将详述估价步骤。

1. 初步工艺分析和结构设计

1) 初步分析制件结构、画排样图，确定所需的冲压工位数，并根据经验大致估计空工

位数,由此确定总的工位数。根据制件展开宽度并考虑搭边距确定工位距。

2)模具结构型式的确定,主要是确定模具板件的大致尺寸、子模架划分等。

2. 材料费估算

(1) 各模板的材料价格估算 原始坯料尺寸一般为长方体,其尺寸(重量)估计是关键。模板长度根据工作区的长度再加上两端余量(如单边50mm)确定,宽度根据经验估计(在带料宽度的基础上,主要考虑导套导柱的布置、卸料螺钉规格等确定模板的宽度),每件模板的高度模具厂家一般都有标准系列。

(2) 标准件费用 级进模中的标准件是买来后无需加工就可安装使用的外购件,估价的关键是估算各类标准件数量,单价依据所选供应商产品手册。冲压产品展开件的长宽确定后,可以确定模架的长、宽,进一步可确定其规格及购置费用。而只有在完成了模具设计才能精确确定螺钉、销钉、弹簧的数量及型号,这与我们估价的方案目标是不符的,并且考虑到螺钉、销钉、弹簧、抬料钉在模具材料价格中占的比重较小,所以可用排料的长、宽粗略估计这些标准件的数量,也可根据积累报价案例估计标准件数量;而导柱导套、安全传感器的价格可根据设计的数量直接计算。由于级进模的零件数量多,为便于科学估价,需要建立相应的数据库。

(3) 非标(自制)工作件材料费估算 非标准件主要是估计其体积。冲裁工步的工作件用料计算最为复杂,冲裁冲头大量为异形冲头,原始坯料一般为长方体(冲导料钉的冲头除外)。所有冲头的高度一般都一致,为凸模固定板、卸料垫板、卸料板高度、料厚之和加上适当余量;所有冲头的平面尺寸可按冲头固定端面尺寸计算(可以累加)。每一冲裁工位一般都对应一副凹模嵌块和凸模导向嵌块(卸料板上)。凹模嵌块的高度约等于凹模板的高度,凸模导向嵌块的高度等于卸料板的高度;二者的平面尺寸凭经验估计,其宽度需加上定位台阶的宽度,宽度略大于带料宽度(便于通过卸料板压住凹模),长度不大于工位距。超硬冲头的材料费可能高达1800元/kg(寿命高达亿次),选择时应尽量准确估算。

弯曲、成形、压印等工位可仿照冲裁模类似估计,只是需特别注意,凸模穿过的板件区间可能有所不同,有些凸模可能只是固定在卸料板上。特殊工位工作件,如冲导正孔的工作冲头及其对应凹模,则可以参考历史案例用类比法解决。

(4) 其他自制辅助件

1) 导板。导板宽度应为带料宽度加上一定经验值,总长度应为凹模固定板长度,高度一般为定值。

2) 前导料板、后导料板变化不大,按经验价格计算。

3. 加工制造费估算

(1) 模板加工制造费 主要分为板件的整体加工和板内的型孔加工。前者容易积累数据,后者主要是孔型的加工,主要分为长方体孔、销钉孔、螺钉孔、台阶孔和让位孔(槽)。

1) 一般漏料孔、销钉孔、螺钉孔、让位孔和过孔只需一般线切割、铣削或钻削加工。

2) 各种型孔的加工长度(面积)可根据排样的工位数估计,需要准确定位的凹模嵌块孔一般需要慢走丝线切割加工。

3) 有弯曲或成形轮廓通过的工位,要考虑在对应的凹模板(向下弯曲)或卸料板(向上弯曲)位置上铣削加工让位槽,另外卸料板上还要加工导料板的让位槽。

(2) 工作部件的加工费用估算

1) 凸模工作部分往往要进行光学曲线磨削加工，加工费用按工时估计。不同工位的冲裁加工按同一工位进行估计。当冲裁轮廓复杂时，光学曲线磨削加工的时间大幅上升，难于精确计算。在初步报价时一般通过定义轮廓复杂系数来估计加工工时。

2) 冲裁凹模刃口和凸模导向套导向面的加工，往往要通过慢走丝精细放电加工或磨削加工，对于难加工部分要考虑刃口轮廓采用拼合嵌块结构。

3) 其他外轮廓面加工。凸模导向嵌块和凹模嵌块分别与卸料板和凹模板都有严格的尺寸配合，尺寸精度也非常高，需高精度线切割甚至磨削加工。

4. 工位综合估算法

在具体计算上述工作部件加工费用时，也可以采用按工位所有工作零件综合估算的方法，这是一种比较准确和迅速的方法，它是按工位类别将工作部件的材料和加工费综合估计，而将非工作区域的各类加工及模板的加工按历史案例估价。例如针对每种冲压工序（冲裁、弯曲、压印等等）工步所涉及到的所有工作零件（凸模、凹模嵌块、凸模导向嵌块）的材料费、加工费以及所对应在各模板上型孔的加工费的总和分别设定基本参考价格，通过乘以适当的系数进行估算，空工位处可根据实际工作部件及其加工情况适当予以考虑。

三、级进模估价实例

本例为电子产品（如接插件）类型的小型精密级进模，相似类型级进模的估价可以此作为参考。制件图见图4-4。

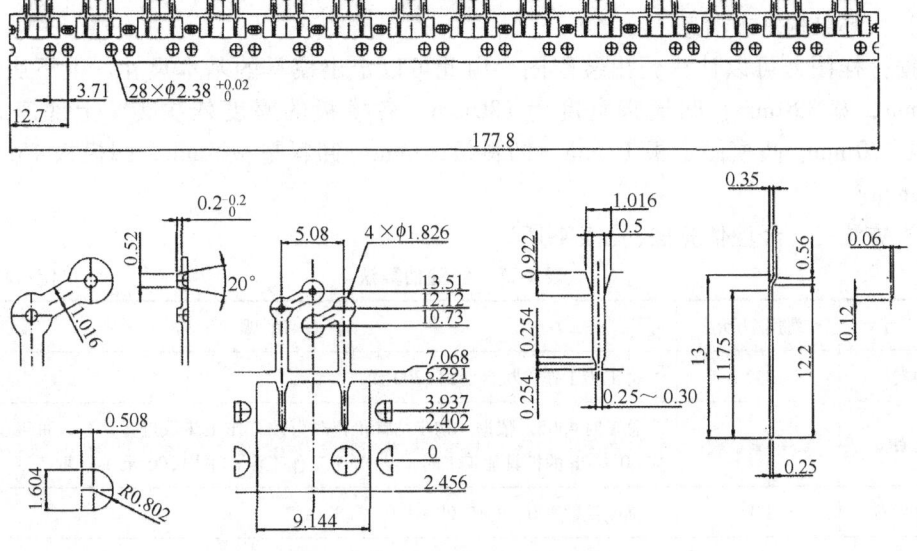

图4-4 料片引线框架零件图及描述

（1）产品和工艺基本参数分析

产品名称：料片引线框架，料宽50mm、料厚0.25mm。此产品包括冲裁、打凸、打弯等成形，工艺难度一般，难度系数定为1.0。经过分析，给出排样图如图4-4所示，工位距为12.7mm。模具需要13个工作工位，依次为冲导正孔、冲孔、针脚冲切1、针脚冲切2、触点外形冲切1、触点外形冲切2、触点外形冲切3、触点外形冲切4、打凸包（触点上）、冲裁（对排分离）、打弯、调整侧弯、切断。另外还有17个空工位。零件图排样示意及装配图

(俯视图)见图4-5。

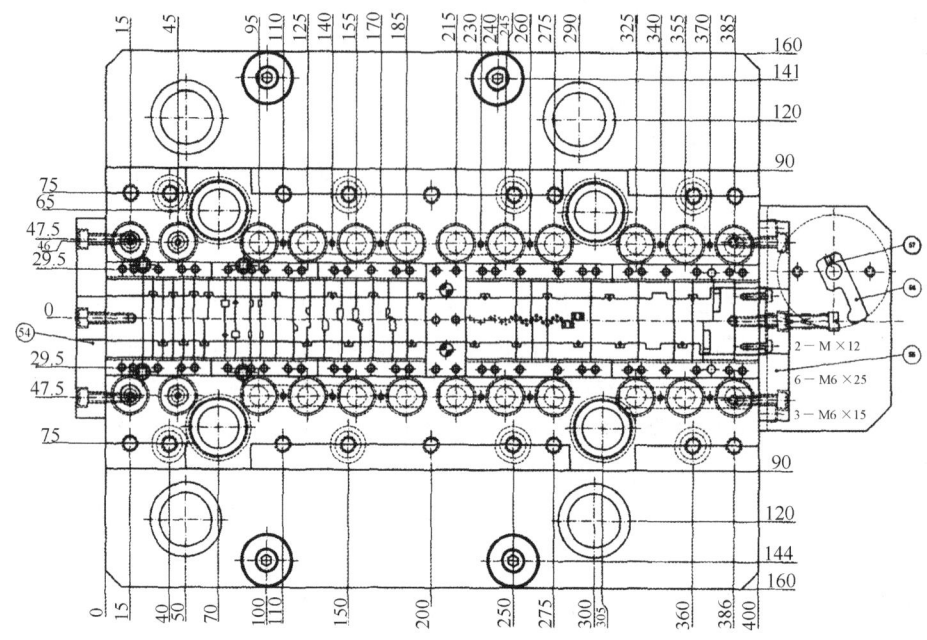

图4-5 模具装配图(俯视图)

(2)模具结构基本信息

根据排样图,可以计算画出装配图,由此可以定出模具的基本尺寸。上下底座各为长400mm、宽320mm,凹模板宽度为180mm,各模板的厚度依次为:上底座55mm、凸模垫板20mm、凸模固定板15mm、卸料板30mm、卸料垫板8mm、凹模板45mm、下模座60mm。

(3)方法一 经验估算法(见表4-15)

表4-15 经验估算法 (单位:万元)

项 目	费用/万元	计 算 说 明
材料费	3.2	每工步工作件材料费约1200元
工时费	9	总工时450h。依据:初步估计价格时可按工作工步数进行计算,每工步一般对应30~40h的模具加工工时,共13个工作工步,平均200元/h计算
技术开发费	1.8	难度系数1.0,9×0.20×1.0=1.8
管理费	1.4	管理费率为10%,(3.2+9+1.8)×0.1=1.4
利润	3.85	利润率为25%,(14+1.4)×0.25=3.85
增值税	3.27	增值税率为17%,(3.2+9+1.8+1.4+3.85)×0.17=3.27
模具价格	22.52	

(4)方法二 工位综合估算法(见表4-16)

表 4-16　工位综合估算法　　　　　　　　　　　　　　（单位：万元）

项　　目	费用/万元	计　算　说　明
模板板件材料费	0.72	上下底座为 45 钢(15 元/kg)、凸模固定板、卸料板、凹模板为 skd11(80 元/kg) sks3(30 元/kg)，根据各模板尺寸并加 15% 余量，得模板材料费为 0.72 万元
标准件费	0.8	导柱导套(内外导柱各有 4 根，总共 8 根)及其他标准件，根据经验，此副模具标准件费用估计为 0.8 万元
工位综合费	9.25	每个工位的材料和加工费按 4500 元估价，13 个工位为 5.85 万元；17 个空工位每个按 2000 元估价，共 3.4 万元。工作部分材料及其加工费共计 9.25 万元
板件加工费（非工作区）	2.16	按 3 倍材料费计算
技术开发费	1.94	难度系数 1.0，按 15% 的材料和加工费总和计算 12.93 × 0.15 = 1.94
管理费	1.49	管理费率为 10%，(12.93 + 1.94) × 0.1 = 1.49
利润	4.09	利润率为 25%，(12.93 + 1.94 + 1.49) × 0.25 = 16.36 × 0.25 = 4.09
增值税	3.48	增值税率为 0.17，(12.93 + 1.94 + 1.49 + 4.09) × 0.17 = 3.48
模具价格	23.93	

第五章　中、大型冲压模具估价方法

第一节　概　述

中、大型冲压模具是相对于小型冲压模具而言的，主要用于冲压中、大型制件，尤其是汽车、飞机等内、外覆盖件，其表面形状一般都是由三维曲面构成，产品表面的质量和精度要求较高。因此，模具的设计需采用先进的专业二维或三维设计软件，模具的加工大量使用大型高精度数控加工机床。当今社会，产品在不断更新，工艺也在不断改进，模具的设计制造技术更加专业化。正是由于采用了先进的设计制造技术与装备，才缩短了模具和产品的开发与制造周期，从而缩短了产品开发和上市的时间，提升了新产品抢占市场的先机。可以说，中、大型模具行业对于国民经济的发展起着至关重要的作用。

一、中、大型冲压模具的含义及制造特点

1. 中、大型冲压模具的含义

中、大型冲压模具是相对小型冲压模具而言的，它是指模具的结构尺寸（或规格）比小型冲压模具大的一类冲压模具。中、大型冲压模具用来冲压中、大型金属制件，在汽车、拖拉机、飞机及其他中、大型产品的制造过程中应用非常广泛。

中、大型冲压模具通常也是以其下模板（或凹模板）的周界尺寸来具体划分的。设模具下模板的长为 L_d，宽为 B_d，则模具下模板的半周长为 $(L_d + B_d)$，那么

当 $1400\text{mm} \leqslant (L_d + B_d) < 2500\text{mm}$ 时，划为中型冲压模具；

当 $2500\text{mm} \leqslant (L_d + B_d) < 4500\text{mm}$ 时，划为中大型冲压模具；

当 $(L_d + B_d) \geqslant 4500\text{mm}$ 时，划为大型冲压模具。

中、大型冲压模具的种类较多，本章主要讨论其中的落料冲孔模、拉深模、修边冲孔模、翻边整形模、切断剖切模、弯曲模、斜楔模（指绝大部分冲压动作是通过斜楔来完成的模具）、级进模（连续模）等几类模具的价格估算问题。

2. 中、大型冲压模具的制造特点

由于中、大型冲压模具不仅结构尺寸大，而且模具的成型部位大多具有较复杂的空间三维曲面，精度和表面粗糙度要求也较高，所以对其加工和检测的难度都很大。目前，对模具型面和轮廓的加工一般采用仿形和数控加工工艺，主要的加工设备为大型仿形铣床、大型数控铣床、大型数控加工中心等。模具及冲压件的检测主要采用三坐标划线机或三坐标测量仪。而模具的调试设备一般采用调模系统或大型压力机。

由此可知，中、大型冲压模具不仅制造技术复杂、加工要求较高，而且其加工设备、检测设备及调试设备的价格也十分昂贵，加工的工时费用很高。同时，中、大型冲压模具在制造过程中还要受相关工序间需等待试验数据的制约，各相关配套模具的施工还不能齐头并进。比较而言，制造中、大型冲压模具就更具技术密集、资金密集、劳动力密集及生产周期长的特点。本章关于中、大型冲压模具价格的估算方法及有关计算参数便是在考虑了使其

"三密集"等特点更突出的诸多因素的前提下,以其制造中的主要工艺手段为基础而推导、设定的。

二、中、大型冲压模具价格估算的适用范围

由于影响模具价格的因素很多,所以模具价格估算方法的准确性和适应性均受到一定的限制。本章介绍的中、大型冲压模具价格估算方法只适应如下几种情况:

1) 只适应于估算下模板(或凹模板)半周长大于 1400mm 的冲压模具的出厂价格,其中适应的模具类型是:落料冲孔模、双动拉深模、拉深成型模、修边冲孔模、翻边整形模、切断剖切模、弯曲模、斜楔模和级进模。不适用于精冲模、简易模的价格。

2) 只适应于按单个冲压件验收的模具。若按产品(如汽车)部件或总成验收,则冲压件之间需要组装或焊装,此时产品设计、模具设计和模具制造等方面的误差均会显现,进而需要检测相关冲压件,分析误差产生部位,确定模具返修方案。这一过程需要增加调试费用,其增加幅度为有关冲压件全部冲模总价的 20%~40%。

3) 估算方法中所指模具,在满足用户对冲压件质量要求的前提下,还应具备良好的制造精度和装配精度,并能在正常使用条件下达到正常的使用寿命。

4) 在用户对模具提出特殊的繁简、精粗等要求时,其价格可按本章所介绍的估算方法估算的基础上作适当的增减。

5) 本章介绍的按模具重量估算的模具价格中不含"包装运输费"和"加急费",涉及到这两部分费用时需另外增加。

第二节 中、大型冲压模具价格估算公式及参数

根据冷冲压模具的特性,介绍两种估算方法,一是实体重量估算法,二是成本费用估算法。

一、实体重量估算法

实体重量估算法就是将构成模具总价格的每个组成部分,按模具的重量成比例地分配到模具中。测定单位模具重量的含金当量值(重量含金额度)后,根据计算出来的模具实体重量估算该模具的销售成本或销售价格。

按照重量估算中、大型冲压模具的公式:

销售价格 = 实体重量 × 重量含金额度 × 修正系数 × (1 + 利润率) × (1 + 税率)

计算公式如下:

$$\begin{aligned} P_d &= W_d A_{d0} (1 + K_{d1} + K_{d2} + K_{d3} + K_{d4})(1 + p_{dr})(1 + t_{dr}) \\ &= V_d K_{dw} \rho A_{d0} (1 + K_{d1} + K_{d2} + K_{d3} + K_{d4})(1 + p_{dr})(1 + t_{dr}) \\ &= L_d B_d H_d K_{dw} \rho A_{d0} (1 + K_{d1} + K_{d2} + K_{d3} + K_{d4})(1 + p_{dr})(1 + t_{dr}) \\ &= (L_{d1} + 2l_d)(B_{d1} + 2b_d) H_d K_{dw} \rho A_{d0} (1 + K_{d1} + K_{d2} + K_{d3} + K_{d4})(1 + p_{dr})(1 + t_{dr}) \end{aligned} \quad (5-1)$$

式中 P_d——按重量估算的中、大型冲模的销售价格(万元);

W_d——模具的实体重量(t);

V_d——中、大型冲模轮廓尺寸所包容的体积(m^3);

K_{dw}——中、大型冲模的实体重量系数(见表 5-1);

ρ——模具材料的密度(kg/m^3);

A_{d0}——含销售成本的重量含金额度(万元/t);

K_{d1}——制件的曲面与形状复杂因素系数(见表5-2);

K_{d2}——制件精度因素系数(见表5-3);

K_{d3}——冲模材料因素系数(见表5-4);

K_{d4}——冲模结构因素系数(见表5-5);

L_d——模具下底板的长度(m);

B_d——模具下底板的宽度(m);

H_d——模具的闭合高度(m,由用户提供的压力机规格确定);

L_{d1}——制件在本工序中的轮廓投影长度(m);

B_{d1}——制件在本工序中的轮廓投影宽度(m);

$2l_d$——下底板长度方向放出量(m);

$2b_d$——下底板宽度方向放出量(m);

p_{dr}——成本利润率(见表5-6,仅供参考);

t_{dr}——综合税率(见表5-6,仅供参考)。

1. 模具的实体重量 W_d

实际上,在模具结构总图未设计出来前,很难精确地计算出模具的实际重量,所以在进行价格估算时需要得到一个趋近于实际重量的数值作为价格估算依据,其计算公式为:

$$\begin{aligned} W_d &= V_d K_{dw} \rho \\ &= L_d B_d H_d K_{dw} \rho \\ &= (L_{d1} + 2l_d)(B_{d1} + 2b_d) H_d K_{dw} \rho \end{aligned} \tag{5-2}$$

2. 含销售成本的重量含金额度 A_{d0}(吨位价格)

模具的含金额度 A_{d0} 的意义与第三章基本一致,是根据不同类别的制件而制定的,含金额度 A_{d0} 值中包含着全部设计、准备、制造和管理的含金量,它的单位是万元/t。不同企业其 A_{d0} 值也各不相同,而且,同一企业在不同时期 A_{d0} 值也应根据市场的变动而变化,它是根据本企业在某年度平均测算出来的一个综合数值。

3. 模具的实体重量系数 K_{dw}(见表5-1)

中、大型模具的铸件由于采用的是实型铸造工艺,它不但可以降低铸件的采购成本和加工成本,同时也降低了模具的整体重量,实际情况是铸件的非工作部分的大部分都是空心开的。

实体重量就是指根据模具整体轮廓体积计算出的重量,取相应的系数估算出模具全部加工完成后的实际重量。由于模具类型和规格的不同,其实体重量系数 K_{dw} 值也有所区别。在计算模具实体重量时,我们需要计算出模具的实际体积的重量,而由模具轮廓尺寸所包容的体积经计算而得到的重量($V_d \times \rho$),并不是模具的实体重量。不同类型的模具即使模具轮廓尺寸相同,它们的实体重量也并不相同;而同类型不同规格的模具,其重量与它们的轮廓尺寸之间的对应关系也不完全相同。所以需要给定一系列对应的实体重量系数 K_{dw} 值来估算模具的实体重量,该重量用来作为估算模具价格的依据。

表 5-1 下底板放量 $2l_d$ 与 $2b_d$ 实体重量系数 K_{dw}

模具类型	制件半周长 (L_d+B_d)/m	下底板放出量 $2l_d$/m	下底板放出量 $2b_d$/m	闭合高度 H_d/m	K_{dw}
落料冲孔模	<1.40	0.50	0.40		0.55
	1.40~2.40	0.70	0.60		0.50
	<2.40	0.90	0.60		0.45
双动拉深模	<1.40	0.80	0.60		0.40
	1.40~2.40	0.95	0.70		0.38
	<2.40	1.10	0.80		0.35
单动拉深模	<1.40	0.80	0.60		0.43
	1.40~2.40	0.95	0.70		0.40
	<2.40	1.10	0.80		0.38
修边冲孔模	<1.40	0.65	0.50		0.50
	1.40~2.40	0.80	0.70		0.45
	<2.40	1.00	0.90		0.40
翻边整形模	<1.40	0.50	0.40	根据用户所使用设备的闭合高度及模具需要的实际高度确定	0.48
	1.40~2.40	0.70	0.60		0.45
	<2.40	0.90	0.80		0.40
切断剖切模	<1.40	0.60	0.50		0.48
	1.40~2.40	0.70	0.55		0.44
	<2.40	0.80	0.65		0.42
成型模	<1.40	0.70	0.60		0.48
	1.40~2.40	0.80	0.70		0.40
	<2.40	1.00	0.90		0.40
压弯模	<1.40	0.60	0.40		0.50
	1.40~2.40	0.70	0.55		0.45
	<2.40	0.80	0.55		0.42
斜楔模	<1.40	0.90	0.60		0.45
	1.40~2.40	1.00	0.70		0.43
	<2.40	1.20	0.90		0.40

4. 制件的曲面与形状复杂因素系数 K_{dl}（见表 5-2）

制件的曲面与形状复杂程度不同，它直接影响模具的结构设计、加工和调试，它是决定模具制造成本的重要因素，因此在估算模具价格时，必须将由这些因素导致的成本计算进去。

表 5-2 制件的曲面与形状复杂因素系数 K_{d1}

制件的曲面与形状类别			K_{d1}
冲压类	平制件	凸、凹模刃口曲线平缓,无沟槽,可以采用机加工与砂轮机修整完成的制件	0
		凸、凹模刃口曲线复杂,有沟槽或孔,可以采用机加工后通过钳工精修完成的制件	0.1~0.3
	立体制件	修边刃口曲线变化平缓,高低起伏不大,只需垂直修边的制件	0.1~0.3
		修边刃口随线变化较为复杂,高低起伏大,可以垂直修边,局部需要采用斜楔进行修边完成的制件	0.2~0.5
成型类	一级曲线	制件周围是曲线,顶面均为平面,其凸模或凹模基本不采用数控加工	0.1
	二级曲线	制件是比较平滑的立体曲面,拉延深度不大,其凸模或凹模必须采用数控加工	0.1~0.3
	三级曲线	制件是比较复杂且拉延深度起伏较大的立体曲面,其凸模或凹模必须采用数控加工	0.2~0.4

5. 制件精度因素系数 K_{d2}（见表 5-3）

表 5-3 制件精度因素系数 K_{d2}

料厚/mm	制件公差等级	K_{d2}	基本尺寸/mm	公差等级			
				IT10	IT11	IT12	IT13
≤3	IT10	0.4	≤3	0.040	0.060	0.100	0.140
>3~10	IT11		>3~6	0.048	0.075	0.120	0.180
≤3	IT11	0.2	>6~10	0.058	0.090	0.150	0.220
>3~10	IT12		>10~18	0.070	0.110	0.180	0.270
≤3	IT12	0.1	>18~30	0.084	0.130	0.210	0.330
>3~10	IT13		>30~50	0.100	0.160	0.250	0.390
车种	制件类别	K_{d2}	>50~80	0.120	0.190	0.300	0.460
			>80~120	0.140	0.220	0.350	0.540
卡车	内覆盖件	0.1	>120~180	0.160	0.250	0.400	0.630
	外覆盖件	0.2	>180~250	0.185	0.290	0.460	0.720
	骨架连接件	0.05	>250~315	0.210	0.320	0.520	0.180
	梁类件	0	>315~400	0.230	0.360	0.570	0.890
轿车	内覆盖件	0.2	>400~500	0.250	0.400	0.630	0.970
	外覆盖件	0.3	>500	0.280	0.440	0.700	1.100
	骨架连接件	0.1					
	梁类件	0.15	尺寸公差/mm				

6. 冲模材料因素系数 K_{d3}（见表 5-4）

表 5-4 冲模材料因素系数 K_{d3}

冲模类型		常用材料	K_{d3}	选用材料	K_{d3}
冲压类	落料冲孔 修边冲孔 切断	HT250 20~45 T8A~T12A	0	ZG310-570 YB-2、7CrSiMnMOV 9M02V、Cr12MoV	0.02 0.03 0.05
成型类	成型整形 翻边弯曲	HT250 2~45 T8A~T12A	0	9M02V、Cr12MoV Cr12MoV	0.05 0.08
拉深类	拉深	HT250~300	0	MoCr/MoV QT600-3A	0.05 0.10

7. 冲模结构因素系数 K_{d4}（见表 5-5）

模具结构是由多种因素决定的，它与设备的参数、送料方式、排料方式、操作方式、制件的精度和制件的料厚等因素有关，它直接影响模具的采购和制造成本。

表 5-5 冲模结构因素系数 K_{d4}

序 号	冲模结构类型	K_{d4}
1	常规结构（工作部分为钢镶块，有导向、项出、压料、退料装置）	0
2	在常规结构上增加自动进、出料装置	0.05~0.15
3	多工位、结构复杂	0.05~0.30
4	氮气缸压料、整形、上下双活动结构	0.1~0.2
5	大型（滑块斜面长度在 1m 以上）的吊楔、斜楔机构	0.15~0.25
6	结构简单、无导向	-(0.02~0.05)
7	镶块为铸件、堆焊刃口	-(0.05~0.15)
8	制件用孔定位，基本无立体面	-(0.05~0.20)
9	钢板焊接结构	-(0.10~0.15)

8. 利润率 p_{dr} 和综合税率 t_{dr}（见表 5-6）

各企业可根据市场的变化和订货类型进行自我调节利润率，在订货方和供货方双方之间以达到共同认可的条件下取值，其范围一般是 10%~15%。综合税率包含增值税和教育附加税等，其范围一般是 17%~18.5%。

表 5-6 利润率 p_{dr} 和综合税率 t_{dr}

利 润 率	综 合 税 率
10%~15%	17%~18.5%

二、成本费用估算法

按照模具实际发生的费用构成，模具的成本可以分为冲压过程模拟与分析、结构设计、材料采购、制造加工与管理，这些费用的发生构成了模具整个完成过程实际成本的消耗，再加上合理的利润和税金就构成了模具的销售价格。按照成本费用来估算模具价格具有一定的依据和准确性，它的估算较为繁琐，适应于小批量大型覆盖件的模具价格估算，其估价公式如下：

销售价格 = {（模拟分析与冲压过程图工时费 + 模具基价）× 修正系数 + 设计费} ×

(1+管理费用率)×(1+成本利润率)×(1+综合税率)

这里针对中、大型模具,引入了模具基价的概念,它是最基本结构的模具的生产费用 M_{dj}(材料费、制造费),计算公式为:

$$\begin{aligned} M_{dj} &= M_{d1} + M_{d2} \\ &= m_Z + m_D + m_{d13} + P_C + H_C + Z_C + T_C \\ &= W_Z C_Z + W_D C_D + m_{d13} + P_j H_P + N_{CC} H_{nC} + Z_P H_Z + T_s H_t \\ &= W_d K_{W_Z} C_Z + W_d K_{W_D} C_D + m_{d13} + P_f H_P + N_{CC} H_{nC} + Z_P H_Z + T_s H_t \end{aligned} \tag{5-3}$$

在此基础上,根据经验另外再选取了4个系数估算模具的生产成本,于是,按成本费用估算的中、大型冲模计算公式为:

$$\begin{aligned} P_d &= \{(M_n + M_{dj})(1 + K_{d5} + K_{d6} + K_{d7} + K_{d8}) + D_d\}(1 + g_d)(1 + p_{dr})(1 + t_{dr}) \\ &= \{(M_f H_m + M_{dj})(1 + K_{d5} + K_{d6} + K_{d7} + K_{d8}) + M_{dj} \times d_d\}(1 + g_d)(1 + p_{dr})(1 + t_{dr}) \end{aligned} \tag{5-4}$$

式中 W_d——模具的实体重量(t,同重量估算法一致);

M_n——产品的冲压模拟分析和冲压过程图工时费(万元);

M_f——产品的冲压模拟分析和冲压过程图工时单价(万元/h,见表5-7);

H_m——产品的冲压模拟分析和冲压过程图工时(见表5-7);

M_{dj}——模具基价(万元);

M_{d1}——材料费(万元);

M_{d2}——加工费(万元);

K_{d5}——型槽因素系数(见表5-9);

K_{d6}——制件材料厚度因素系数(见表5-10);

K_{d7}——试验决定因素系数(见表5-11);

K_{d8}——模具传送机构因素系数(见表5-12);

m_Z——铸件费用(万元);

W_Z——铸件重量(t);

K_{W_Z}——铸件占模具总重量的比率;

C_Z——铸件单价(万元/t);

m_D——锻件费用(万元);

W_D——锻件重量(t);

K_{W_D}——锻件占模具总重量的比率;

C_D——锻件单价(万元/t);

m_{d13}——外购件费用(万元);

D_d——模具的设计费(万元);

d_d——设计费用率(8%~15%);

P_C——普通加工费(万元);

H_C——数控加工费(万元);

Z_C——装配精修费(万元);

T_C——模具调试费(万元);

P_f——普通加工工时单价(万元/h);

H_P——普通设备工时(h,见表5-8);

N_{CC}——数控加工工时单价(万元/h);
H_{nC}——数控加工工时(h,见表5-8);
Z_{P}——装配研修工时单价(万元/h);
H_{Z}——装配研修工时(h,见表5-8);
T_{s}——模具调试工时单价(万元/h);
H_{t}——模具调试工时(h,见表5-8);
g_{d}——管理费用率;
p_{dr}——利润率(见表5-6);
t_{dr}——综合税率(见表5-6)。

1. 冲压模拟分析和冲压过程图工时费 M_n

产品在结构设计(CAD)前,一般应通过计算机软件进行模拟(CAE)产品的冲压工艺过程,根据模拟结果的数据和分析做出可行产品的冲压过程(冲压工艺)图。在这里没有整体提出模具开发费用,主要是考虑到实际运作时 CAD 和 CAE 可能分属两个部门。冲压模拟分析和冲压过程图工时费 M_n 的计算公式为:

$$M_n = M_f H_m$$

表 5-7 提供的产品模拟分析和冲压过程图工时与工时价格仅供参考,在实际估算产品模拟分析和冲压过程图费用时,需按照本企业的性质、设备价值和折旧费用计算,由于各个企业的实际情况不同,采用的分析软件不一致,所制定的模拟工时和发生的成本要根据市场价格水平、订货企业的性质和本企业的水平进行估算。

表 5-7 冲压模拟分析和冲压过程图工时与费用表

制件类别	冲压模拟分析和冲压过程图工时 H_m		工时单价 M_f/(万元/h)
	制件范围(长+宽)/mm	工时/h	
一级曲线制件	<1500	180~220	0.028~0.03
	1500~2500	221~255	
	>2500	256~280	
二级曲线制件	<1500	210~240	
	1500~2500	241~275	
	>2500	276~320	
三级曲线制件	<1500	240~280	
	1500~2500	281~320	
	<2500	321~360	

注:部分单位(包括国外)也采用按整个模具项目的费用比例(例如5%)计算分析费。

2. 模具的材料费 M_{d1}

模具的材料费构成可以分为三部分,即铸件、锻件与钢板、外购件(含标准件)。铸件在模具中主要使用在上、下底板上;锻件与钢板主要用于工作部分、定位部分和压料部分;外购件包括气动元件、标准件、紧固件及辅助装置。

M_{d1} 的计算公式为:

$$M_{d1} = m_Z + m_D + m_{d13}$$

(1) 铸件费用 m_Z 铸件费用在模具总价格中占很大的比重,现在的模具结构设计中铸件大部分采用实型铸造,铸造费用中含有制作铸造实型的费用,采用实型铸造可以大大减少模具的整体重量,节省加工时间,降低成本。

1) 铸件总重量 W_Z 按照模具类型划分,铸件占模具总重量的比例大致如下:拉深模的铸件占模具总实体重量的95%~98%,因为拉深模主要是由凸模、凹模和压边圈三大部分组成,它们的材料全部是铸件,主要采用灰铸铁、钼铬铸铁和合金铸铁。其他类型的模具一般只有上、下底板是铸件,工作部分压料和定位部分采用锻件和结构钢,其中铸件占模具实体总重量的75%~90%,铸件材料一般采用灰铸铁或铸钢。

2) 铸件平均单价 C_Z 铸件材料价格要根据当时的市场价格进行制定,由于钢材市场是随着国际市场和矿石价格的波动进行调节的,价格经常变化,在估算价格时需按照当时的市场价格进行计算。

(2) 锻件费用 m_D 锻件在模具中主要用于冲裁类模具的工作部分凸模、凹模的刃口和定位等部分,以及成型类模具的工作部分。锻件大部分采用碳素工具钢、合金工具钢和特殊工具钢。锻件的费用主要由模具的类型和结构决定。

1) 锻件总重量 W_D 在估算锻件重量时,要按照模具类型、模具结构和冲压板料的厚度的变化进行计算。以下是三种常用模具的锻件占模具总重量的大致比例。

拉深类:2%~5%

落料和修边类:20%~25%

成型和翻边类:10%~15%

2) 锻件平均单价 C_D 锻件的价格也同铸件一样随着市场的行情而变化,其单价无法给出一个定值。

(3) 外购件费用 m_{d13} 包括快换冲头套件、楔类件、气缸、导柱、导套、导板、紧固件等,价格需根据市场的价格变化和所需数量进行计算。

3. 模具的加工费 M_{d2}

模具的加工费基本是由四大部分构成,即普通设备加工费 P_C、数控加工费 N_C、钳工装配精修费 Z_C 和模具调试费 T_C。这四大费用,完全可以体现出模具所发生的成本。表5-8中所提供的四大部分加工工时,基本可以作为模具估价的基数成本工时,其计算公式为:

$$M_{d2} = P_C + N_C + Z_C + T_C$$

普通设备加工包括中小型车、铣、刨、磨、钻床等普通加工,它主要加工冲压类工作刃口的镶块、废料刀和成形类模具的定位板、固定板等零件,是一个综合性的平均工时。

数控加工大都指采用三轴数控机床加工大、中型模具的工作型面、基准面、窝座和各种型孔部分。

装配与精修包括模具的初组装、周转工序、精装配、刃口精修和型面研修的装配钳工的工作量。

模具调试是指模具在装配完成后,在压力机上进行反复精研修型面、刃口间隙和各个辅助装置的功能满足设计和使用要求,并调试出满足设计要求的合格制件。

这四个部分的工时单价,同样要根据各个企业或同行业的市场价格变化而定价。

工时单价根据企业性质不同其价格水平也有所区别,它是一个变量,要根据订货方的国别、企业性质(如外企、合资、国企或私企等)来制定估算用的设备和人工工时单价,取价原则应当制定在平均水平范围内。

4. 模具型槽因素系数 K_{d5}（见表5-9）

多型槽是指在一套模具结构中有两个或两个以上的型槽，在冲压过程中实现同时冲压出两个或两个以上的制件。一般在落料、落料冲孔、压弯、成型类模具中采用这样的结构，可以提高生产效率和材料利用率。多型槽结构由于在设计和制造上增加了制造和调试难度，这种技术附加值应体现到模具价格中。

表5-8 加工工时定额　　　　　　　　　　　　　　　（单位：h）

一级制件曲线落料模

类　型	中　型			中　大　型				大　型		
半周长/mm	1400~1700	1710~2100	2110~2500	2510~3000	3010~3500	3510~4000	4010~4500	4510~5000	5010~5400	5410~5800
数控加工	12	16	20	26	32	40	56	68	72	84
普通设备	155	190	233	287	347	385	417	543	661	739
装配研修	140	161	182	224	280	321	358	455	504	560
模具调试	34	37	41	48	54	60	65	66	75	78

二级制件曲线落料模

类　型	中　型			中　大　型				大　型		
半周长/mm	1400~1700	1710~2100	2110~2500	2510~3000	3010~3500	3510~4000	4010~4500	4510~5000	5010~5400	5410~5800
数控加工	14	19	24	31	38	48	67	82	86	101
普通设备	182	223	274	338	408	453	490	639	778	869
装配研修	200	230	260	320	400	458	512	650	720	800
模具调试	40	44	48	56	64	70	76	78	88	92

三级制件曲线落料模

类　型	中　型			中　大　型				大　型		
半周长/mm	1400~1700	1710~2100	2110~2500	2510~3000	3010~3500	3510~4000	4010~4500	4510~5000	5010~5400	5410~5800
数控加工	18	24	30	39	48	60	84	102	108	126
普通设备	218	268	329	406	490	544	588	767	934	1043
装配研修	230	265	299	368	460	527	589	748	828	920
模具调试	46	51	55	64	74	81	87	90	101	106

一级曲线落料冲孔模

类　型	中　型			中　大　型				大　型		
半周长/mm	1400~1700	1710~2100	2110~2500	2510~3000	3010~3500	3510~4000	4010~4500	4510~5000	5010~5400	5410~5800
数控加工	12	16	20	26	32	40	56	68	72	84
普通设备	167	206	254	306	340	368	479	584	652	731
装配研修	0	0	0	0	0	0	0	0	0	0
模具调试	40	44	48	56	64	70	76	78	88	92

(续)

二级曲线落料冲孔模

类 型	中 型			中 大 型				大 型		
半周长/mm	1400~1700	1710~2100	2110~2500	2510~3000	3010~3500	3510~4000	4010~4500	4510~5000	5010~5400	5410~5800
数控加工	16	21	26	34	42	53	74	90	95	111
普通设备	223	274	338	408	453	490	639	778	869	974
装配研修	230	260	320	400	458	512	650	720	800	840
模具调试	48	56	64	70	76	78	88	92	100	120

三级曲线落料冲孔模

类 型	中 型			中 大 型				大 型		
半周长/mm	1400~1700	1710~2100	2110~2500	2510~3000	3010~3500	3510~4000	4010~4500	4510~5000	5010~5400	5410~5800
数控加工	20	26	33	43	53	66	92	112	119	139
普通设备	268	329	406	490	544	588	767	934	1043	1169
装配研修	276	312	384	480	550	614	780	864	960	1008
模具调试	53	58	67	77	84	91	94	106	110	120

立体制件剖切模

类 型	中 型			中 大 型				大 型		
半周长/mm	1400~1700	1710~2100	2110~2500	2510~3000	3010~3500	3510~4000	4010~4500	4510~5000	5010~5400	5410~5800
数控加工	11	13	14	17	20	42	63	88	112	134
普通设备	203	241	271	292	318	384	454	521	580	696
装配研修	110	116	120	156	180	228	270	315	360	432
模具调试	22	23	24	26	29	34	38	45	50	60

平制件冲孔模

类 型	中 型			中 大 型				大 型		
半周长/mm	1400~1700	1710~2100	2110~2500	2510~3000	3010~3500	3510~4000	4010~4500	4510~5000	5010~5400	5410~5800
数控加工	10	13	16	21	26	32	45	54	58	
普通设备	195	247	276	297	329	404	460	523	591	
装配研修	140	150	172	228	258	286	321	364	386	
模具调试	20	24	29	34	40	46	52	58	64	

(续)

立体简单制件冲模孔

类型	中型			中大型				大型		
半周长/mm	1400~1700	1710~2100	2110~2500	2510~3000	3010~3500	3510~4000	4010~4500	4510~5000	5010~5400	5410~5800
数控加工	14	19	24	31	38	48	67	82	86	98
普通设备	245	290	326	351	382	460	544	624	694	832
装配研修	184	194	200	260	300	380	450	525	600	720
模具调试	36	38	40	44	48	56	64	75	84	101

一级制件曲线修边冲孔模

类型	中型			中大型				大型		
半周长/mm	1400~1700	1710~2100	2110~2500	2510~3000	3010~3500	3510~4000	4010~4500	4510~5000	5010~5400	5410~5800
数控加工	50	58	70	86	112	154	174	197	291	330
普通设备	200	262	304	386	460	520	624	740	835	925
装配研修	179	207	290	400	442	469	497	607	690	836
模具调试	43	45	53	63	68	81	97	119	138	161

二级制件曲线修边冲孔模

类型	中型			中大型				大型		
半周长/mm	1400~1700	1710~2100	2110~2500	2510~3000	3010~3500	3510~4000	4010~4500	4510~5000	5010~5400	5410~5800
数控加工	66	75	92	112	146	200	227	256	379	428
普通设备	240	314.4	364.8	463.2	552	624	748.8	888	1002	1110
装配研修	260	300	420	580	640	680	720	880	1000	1212
模具调试	54	56	66	78	84	100	120	148	172	200

三级制件曲线修边冲孔模

类型	中型			中大型				大型		
半周长/mm	1400~1700	1710~2100	2110~2500	2510~3000	3010~3500	3510~4000	4010~4500	4510~5000	5010~5400	5410~5800
数控加工	76	86	106	130	168	230	262	295	437	494
普通设备	270	354	410	521	621	702	842	996	1127	1249
装配研修	299	345	483	667	736	782	828	1012	1150	1394
模具调试	62	64	76	90	97	115	138	170	198	230

(续)

二级制件曲线修边模

类型	中型			中大型				大型		
半周长/mm	1400~1700	1710~2100	2110~2500	2510~3000	3010~3500	3510~4000	4010~4500	4510~5000	5010~5400	5410~5800
数控加工	48	55	67	82	106	146	166	187	277	313
普通设备	170	223	258	328	391	442	530	629	710	786
装配研修	230	260	300	420	580	640	680	720	880	1000
模具调试	48	54	56	66	78	84	100	120	148	172

三级制件曲线修边模

类型	中型			中大型				大型		
半周长/mm	1400~1700	1710~2100	2110~2500	2510~3000	3010~3500	3510~4000	4010~4500	4510~5000	5010~5400	5410~5800
数控加工	55	72	83	101	124	161	221	251	283	419
普通设备	243	308	364	398	446	498	580	620	850	1105
装配研修	265	299	345	483	667	736	782	828	1012	1150
模具调试	55	62	64	76	90	97	115	138	170	198

浅型面拉深模

类型	中型			中大型				大型		
半周长/mm	1400~1700	1710~2100	2110~2500	2510~3000	3010~3500	3510~4000	4010~4500	4510~5000	5010~5400	5410~5800
数控加工	142	154	196	223	255	284	320	364	388	445
普通设备	48	96	114	132	156	172	194	246	275	298
装配研修	220	240	280	350	400	500	600	720	860	1000
模具调试	52	64	82	90	110	134	140	164	192	240

深型面拉深模

类型	中型			中大型				大型		
半周长/mm	1400~1700	1710~2100	2110~2500	2510~3000	3010~3500	3510~4000	4010~4500	4510~5000	5010~5400	5410~5800
数控加工	170	185	235	268	306	341	384	437	466	534
普通设备	55	109	130	150	178	196	221	280	314	340
装配研修	275	300	350	438	500	625	750	900	1075	1250
模具调试	65	80	103	113	138	168	175	205	240	300

(续)

复杂深型面拉深模

类 型	中 型			中 大 型				大 型		
半周长/mm	1400~1700	1710~2100	2110~2500	2510~3000	3010~3500	3510~4000	4010~4500	4510~5000	5010~5400	5410~5800
数控加工	192	208	265	301	344	383	432	491	524	601
普通设备	57	113	135	156	184	203	229	290	325	352
装配研修	330	360	420	525	600	750	900	1080	1290	1500
模具调试	78	96	123	135	165	201	210	246	288	360

简单平滑型面成型模

类 型	中 型			中 大 型				大 型		
半周长/mm	1400~1700	1710~2100	2110~2500	2510~3000	3010~3500	3510~4000	4010~4500	4510~5000	5010~5400	5410~5800
数控加工	48	64	78	96	148	200	240	280	300	320
普通设备	189	236	235	270	292	318	361	402	445	478
装配研修	181	200	230	260	402	544	612	680	700	720
模具调试	40	46	52	60	94	129	164	200	232	264

复杂坡度大型面成型模

类 型	中 型			中 大 型				大 型		
半周长/mm	1400~1700	1710~2100	2110~2500	2510~3000	3010~3500	3510~4000	4010~4500	4510~5000	5010~5400	5410~5800
数控加工	72	96	117	144	222	300	360	420	450	480
普通设备	224	281	279	321	347	378	430	479	530	569
装配研修	244	270	311	351	543	734	826	918	945	972
模具调试	54	62	70	81	127	174	221	270	313	356

简单曲线翻边模

类 型	中 型			中 大 型				大 型		
半周长/mm	1400~1700	1710~2100	2110~2500	2510~3000	3010~3500	3510~4000	4010~4500	4510~5000	5010~5400	5410~5800
数控加工	111	124	136	166	203	233	266	294	323	346
普通设备	167	189	209	228	236	249	309	370	432	494
装配研修	126	180	260	339	360	375	513	576	714	852
模具调试	56	78	84	90	93	96	99	102	105	108

（续）

复杂曲线翻边模

类　型	中　型			中　大　型				大　型		
半周长/mm	1400~1700	1710~2100	2110~2500	2510~3000	3010~3500	3510~4000	4010~4500	4510~5000	5010~5400	5410~5800
数控加工	134	149	163	199	244	280	319	353	388	415
普通设备	202	228	253	276	287	302	376	452	528	604
装配研修	168	240	346	452	480	500	684	768	952	1136
模具调试	74	104	112	120	124	128	132	136	140	144

翻边整形模

类　型	中　型			中　大　型				大　型		
半周长/mm	1400~1700	1710~2100	2110~2500	2510~3000	3010~3500	3510~4000	4010~4500	4510~5000	5010~5400	5410~5800
数控加工	140	156	171	209	256	294	335	370	407	436
普通设备	237	267	297	324	338	355	443	534	624	714
装配研修	218	312	450	588	624	650	889	998	1238	1477
模具调试	104	146	157	168	174	179	185	190	196	202

简单压弯模

类　型	中　型			中　大　型				大　型		
半周长/mm	1400~1700	1710~2100	2110~2500	2510~3000	3010~3500	3510~4000	4010~4500	4510~5000	5010~5400	5410~5800
数控加工	42	64	84	92	100	112	124	130	138	146
普通设备	159	177	194	237	290	333	380	420	462	504
装配研修	142	154	160	190	220	250	280	310	330	350
模具调试	36	42	48	56	64	71	88	110	130	150

复杂压弯模

类　型	中　型			中　大　型				大　型		
半周长/mm	1400~1700	1710~2100	2110~2500	2510~3000	3010~3500	3510~4000	4010~4500	4510~5000	5010~5400	5410~5800
数控加工	50	77	101	110	120	134	149	156	166	175
普通设备	180	200	218	267	327	375	428	473	521	568
装配研修	156	169	176	209	242	275	308	341	363	385
模具调试	43	50	58	67	77	85	106	132	156	180

（续）

压弯成型模

类　型	中　型			中　大　型				大　型		
半周长/mm	1400~1700	1710~2100	2110~2500	2510~3000	3010~3500	3510~4000	4010~4500	4510~5000	5010~5400	5410~5800
数控加工	57	86	113	124	135	151	167	176	186	197
普通设备	207	230	251	307	377	432	493	546	601	657
装配研修	199	216	224	266	308	350	392	434	462	490
模具调试	49	57	65	76	86	96	119	149	176	203

表 5-9　模具型槽因素系数 K_{d5}

模具类型	型槽数	K_{d5}	模具类型	型槽数	K_{d5}
落料模落料冲孔模	2	0.15	压弯模成型模	2	0.50
	3	0.30		3	0.8
	4	0.50		4	1.20

5. 制件材料厚度因素系数 K_{d6}（见表 5-10）

制件板料的厚度直接关系到模具工作部分和底板材料的选择，也直接影响模具结构的设计。过薄的板料对于冲压间隙和加工精度要求很高，模具的制造难度加大，所耗用的制造和调试工时会增加；过厚的板料直接影响模具整体的强度和刃口材料的硬度要求，因此，对材料的选择会直接涉及到采购的成本。

表 5-10　制件材料厚度因素系数 K_{d6}

制件材料厚度/mm	K_{d6}
<0.5	0.25
0.5~6	1
>6	0.2

6. 试验决定因素系数 K_{d7}（见表 5-11）

某些主要冲压零件在图样上标注的尺寸仅为参考尺寸，它最终的正确尺寸取决于该冲压工序的初始制件（该初始制件也可以是采用非冲压工艺制作，可以采用手工、机加工或切割等手段完成），这需要在相关的后序（或前序）冲压工序的模具上经过反复试验后才能确定最终尺寸。对于较复杂的、形状很不规则的制件的落料尺寸或修边尺寸需采用试验测定，为此，将试验过程中所发生的工作量反映到制造工时中。

表 5-11　试验决定因素系数 K_{d7}

供试验的模具类型	待试验决定最终尺寸的模具类		K_{d7}
翻边模 翻口模	冲孔模	圆形	0.05
		一级曲线	0.10
拉深类 成型类 整形类 弯曲类	落料模 落料冲孔	圆形	0.05
		一级曲线	0.10
		二级曲线	0.15
		三级曲线	0.20
翻边类	修边模	一级曲线	0.15
		二级曲线	0.20
		三级曲线	0.25

7. 模具传送机构因素系数 K_{d8}（见表 5-12）

模具传送结构是制件在冲压过程中为了保证质量要求、排样方式、托料方式及工序间的衔接能顺利地完成，额外设计的一些辅助机构，这样会比正常的模具装配和调试增加工作量。在价格估算中，模具传送结构因素还会影响到模具的安装尺寸，它不但使材料费发生变化，还会增加制造和调试费用，这必须给予考虑。

表 5-12　模具传送机构因素系数 K_{d8}

模具结构类型	K_{d8}	
	模具结构	
	托料式送料	气动装置或退料机构
常规结构模具	0.05	0.10
联合安装模具	0.10	0.15

8. 模具设计（CAD）费 D_d

设计费的估算较难统一，各个厂家采用的设备和设计软件等级不同，其计算的标准也不同，大部分大、中型企业使用的是正版设计软件，其发生的成本也很高，各个企业可根据本企业的性质和实际情况估算设计费用。一般可按模具的基价取百分比进行估算，即

设计费 = 模具基价 × 设计费用率

$$D_d = M_{dj} \times d_d$$

设计费用率取 d_d 的取值范围 10%~15%。

9. 管理费用率 g_d

模具在整个设计与制造过程中，不但直接发生以上的成本费用，同时也在发生为了保证正常生产过程、采购过程和销售过程的间接费用，比如管理人员与服务人员的工资开销、办公费、差旅费、运输费、动能费、折旧费、消耗性材料费、低值易耗品摊销、银行利息支付等费用，这些费用在整个模具制造过程是必须发生的，所以，这部分费用应计入模具的销售价格中。其中部分确定性费用（如差旅费、运输费）可以不列入管理费。一般管理费用率的取值范围是 8%~12%。

第三节　中、大型冲压模具估价步骤

在实际应用中可根据具体情况选用上面两种常用的价格估算方法。两种估价方法的计算步骤和公式不同，建议在模具大批量订货报价时使用实体重量估算法，小批量大型覆盖件订货，采用成本费用估算法。例如整车工装费用报价时，不需要很详细的项目报价，采用实体重量估算既相对准确又节省时间，它的价格核定和评价也是很粗略，最终审核的是一个综合水平。小批量大型覆盖件模具订货，特别是一个新的客户，对一个陌生的企业通常会有一个考评和询价的过程，所以要求报价的项目会很具体详细，它会同时向几个厂家发出同样的询价函和报价资料，最终汇总进行综合评定，以便衡量和了解报价方的能力状况和价格水平。下面将两种报价方法的估算步骤分别介绍，便于实际应用。

一、实体重量估算法的估价步骤

1. 制定冲压工艺
1) 根据制件的尺寸、形状和复杂程度，制定出完成本制件的全部冲压工艺。
2) 确定出模具结构类型。

2. 计算模具的实体重量
1) 依据制件在本工序的轮廓投影长度 L_{d1}、宽度 B_{d1}，选取模具的下底板的放出量 $2l_d$、$2b_d$ 与实体重量系数 K_{dw}（见表5-1）。
2) 依据用户提供的压力机的设备规格和特殊要求确定模具的闭合高度 H_d。
3) 确定钢材的密度 ρ，模具一般取 $7850 kg/m^3$。
4) 依据式(5-2)估算出模具的实体重量 W_d。

3. 确定估算模具价格的各种参数
1) 根据本时期与本企业的订货类型确定含销售成本的重量含金额度（万元/t）。
2) 依据制件的形状类别确定制件形状复杂因素系数 K_{d1}（见表5-2）。
3) 依据制件的料厚、形状类别和公差等级确定制件精度因素系数 K_{d2}（见表5-3）。
4) 依据模具的类型与模具所选择的材料确定冲模材料因素系数 K_{d3}（见表5-4）。
5) 依据模具的结构类型确定冲模结构因素系数 K_{d4}（见表5-5）。
6) 确定成本利润率 P_{dr} 和综合税率 t_{dr}（见表5-6）。

4. 依据式(5-1)估算出模具的销售价格 P_d

二、成本费用估算法的估价步骤

1. 按照制件的类型估算模拟分析与冲压过程图的工时，根据实时计算费用 M_n。
依据冲压模拟分析和冲压过程图工时与费用表（见表5-7）确定 M_f 与 H_m。

公式
$$M_n = M_f H_m$$

2. 计算出中、大型模具的基价 M_{dj}

$$M_{dj} = M_{d1} + M_{d2}$$

(1) 估算出模具的材料费 M_{d1}
1) 可按照实体重量估算法计算模具的实体重量 W_d。
2) 计算出铸件费用 m_z。按照模具的实体重量取铸件所占的百分比进行计算，铸件材料价格要根据当时的市场价格进行制定。m_z 的计算公式为：

$$m_Z = W_Z C_Z$$
$$= W_d K_{W_Z} C_Z$$

拉深模：$K_{W_Z} = 95\% \sim 98\%$

其他类型：$K_{W_Z} = 75\% \sim 90\%$

3）计算出锻件的价格 m_D。按照模具的实体重量取锻件所占的百分比进行计算，锻件材料价格要根据当时的市场价格进行制定。m_D 的计算公式为：

$$m_D = W_D C_D$$
$$= W_d K_{W_D} C_D$$

落料和修边类：$K_{W_D} = 20\% \sim 25\%$

成型和翻边类：$K_{W_D} = 10\% \sim 15\%$

4）根据市场的价格变化和所需数量计算出外购件的费用 m_{d13}。

（2）估算出模具的加工费 M_{d2}

1）计算普通加工费 P_C。普通加工工时按照表5-8所列的工时选定，加工费根据各个企业或同行业的市场价格变化而定。P_C 的计算公式为：

$$P_C = P_f H_p$$

2）计算数控加工费 N_C。数控加工工时按照表5-8所列的工时选定，加工费根据各个企业或同行业的市场价格变化而定。N_C 的计算公式为：

$$N_C = N_{CC} H_{nC}$$

3）计算装配精修费 Z_C。装配精修工时按照表5-8所列的工时选定，加工费根据各个企业或同行业的市场价格变化而定。Z_C 的计算公式为：

$$Z_C = Z_P H_Z$$

4）计算模具调试费用 T_C。模具调试工时按照表5-8所列的工时选定，加工费根据各个企业或同行业的市场价格变化而定。T_C 的计算公式为：

$$T_C = T_s H_t$$

3. 确定估算模具价格的各种修正系数

1）按型槽数量选择模具的型槽因素系数 K_{d5}（见表5-9）。

2）按制件材料厚度选择模具的厚度因素系数 K_{d6}（见表5-10）。

3）按待试验决定最终尺寸的模具类型选择试验决定因素系数 K_{d7}（见表5-11）。

4）按模具机构类型选择模具传送机构因素系数 K_{d8}（见表5-12）。

4. 确定模具的设计费 D_d

设计费用率的取值范围为 $10\% \sim 15\%$，D_d 的计算公式为

$$D_d = M_{dj} \times d_d$$

5. 确定管理费用率 g_d 利润率 p_{dr} 和综合税率 t_{dr}

1）确定管理费用率 g_d，一般取值范围 $8\% \sim 12\%$。

2）确定利润率 p_{dr}，一般取值范围 $10\% \sim 15\%$。

3）确定综合税率 t_{dr}，一般取值范围 $17\% \sim 18.5\%$。

6. 依据式(5-4)估算出模具的销售成本价格

第四节 中、大型冲压模具估价实例

汽车门板修边冲孔模的估价实例见表 5-13。表中的制件和模具结构图例只供参考。

表 5-13 车门板修边冲孔模价格估算

制件名称	车门板	模具名称	修边冲孔模	板料厚度	1.0mm	制件材料	ST142

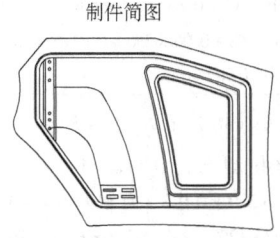

制件简图

尺寸：1.35m×0.75m

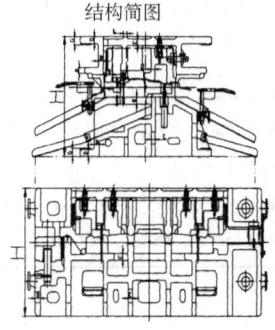

结构简图

制件本序投影尺寸/m	长 L_{d1}	宽 B_{d1}	压床闭合高度	下底板放出量/m	$2l_d$	$2b_d$
	1.6	0.9	1.1		1.1	1

项目	代号	参数	单位	项目	代号	参数	单位
下底板半周长(长+宽)		4.6	m	模拟工时	H_m	320	h
曲线等级		二级		模拟工时单价	M_f	0.028	万元/h
钢的密度	ρ	7.85	t/m³	铸件占总重量比率	K_{Wz}	85%	
实体重量系数	K_{dw}	38%		铸件单价	C_Z	0.65	万元/t
形状复杂系数	K_{d1}	10%		锻件占总重量比率	K_{WD}	15%	
制件精度系数	K_{d2}	10%		锻件单价	C_D	1.00	万元/t
模具材料系数	K_{d3}			外购件费用	m_{d13}	1.2	万元/套
模具结构系数	K_{d4}			普通加工工时	H_p	888	h
模具型槽数系数	K_{d5}			普通加工工时单价	P_f	0.006	万元/h
材料厚度系数	K_{d6}			数控加工工时	H_{nC}	256	h
试验决定系数	K_{d7}	10%		数控加工工时单价	N_{CC}	0.06	万元/h
传送机构系数	K_{d8}			装配加工工时	H_Z	880	h
设计费用率	d_d	12%		装配加工工时单价	Z_P	0.0125	万元/h
管理费用率	g_d	10%		调试加工工时	H_t	148	h
成本利润率	p_{dr}	10%		调试加工工时单价	T_s	0.022	万元/h
综合税率	t_{dr}	18.5%		重量含金额度	A_{d0}	3.5	万元/t

（续）

制件本序投影尺寸/m	长 L_{d1}		宽 B_{d1}		压床闭合高度	下底板放出量/m		$2l_d$	$2b_d$
	1.6		0.9		1.1			1.1	1
项目	代号	参数		单位	项目	代号		参数	单位
	按实体重量估算价格				按成本发生估算价格				
模具重量	$W_d = (L_{d1} + 2l_d)(B_{d1} + 2b_d)H_d\rho K_{dw}$ $= (1.6 + 1.1) \times (0.9 + 1.0) \times 1.10 \times 7.85 \times 0.38 = 16.833(t)$				模具基价	$M_{dj} = W_d K_{W_Z} C_Z + W_d K_{W0} C_D + m_{d13} + P_f H_p + N_{CC} H_{nC} + Z_P H_Z + T_s H_t$ $= 16.833 \times 0.85 \times 0.65 + 16.833 \times 0.15 \times 1 + 1.2 + 0.006 \times 888 + 0.06 \times 256 + 0.0125 \times 880 + 0.022 \times 148 = 47.969(万元)$			
销售价格	$P_d = W_d A_{d0}(1 + K_{d1} + K_{d2} + K_{d3} + K_{d4})$ $(1 + p_{dr})(1 + t_{dr})$ $= 16.833 \times 3.5 \times (1 + 0.1 + 0.1 + 0 + 0) \times 1.1 \times 1.185 = 92.156(万元)$				销售价格	$P_d = \{(M_f H_m + M_{dj})(1 + K_{d5} + K_{d6} + K_{d7} + K_{d8}) + M_{dj} \times d_d\}(1 + g_d)(1 + p_{dr})(1 + t_{dr})$ $= \{(320 \times 0.028 + 47.969) \times 1 + 0 + 0.1 + 0 + 0 + 47.969 \times 12\%\} \times 1.1 \times 1.1 \times 1.185 = 90.025(万元)$			

复习思考题

1. 当今市场上商品的价格是由哪几个部分构成的？
2. 价格有何作用？
3. 制约产品价格的因素主要有哪些？
4. 何谓随行就市定价法？它有什么优缺点？
5. 折扣定价有何优缺点？
6. 模具的价格是由哪几个部分构成？主要受哪些因素的影响？
7. 当前模具价格估算的方法有哪些？
8. 注射模具的估价方法有哪些？比较其特点。
9. 注射模具估价时怎样确定制件的总尺寸数目？
10. 小型冲压模具估价时需注意些什么？
11. 小型冲压模具估价时影响制造总工时的主要因素有哪些？
12. 计算小型冲压模具的原材料费时有几种方式？一般采用什么公式估算？
13. 图1为一电器壳体，制件材料为08F，厚度为1.2mm。试估算该落料拉深复合模具的销售价格（模具图由制造方依制件图设计）。
14. 图2为一仪表零件，制件材料为HSi80—3，厚度为1mm。试估算该复合模具的销售价格（模具图由制造方依制件图设计）。

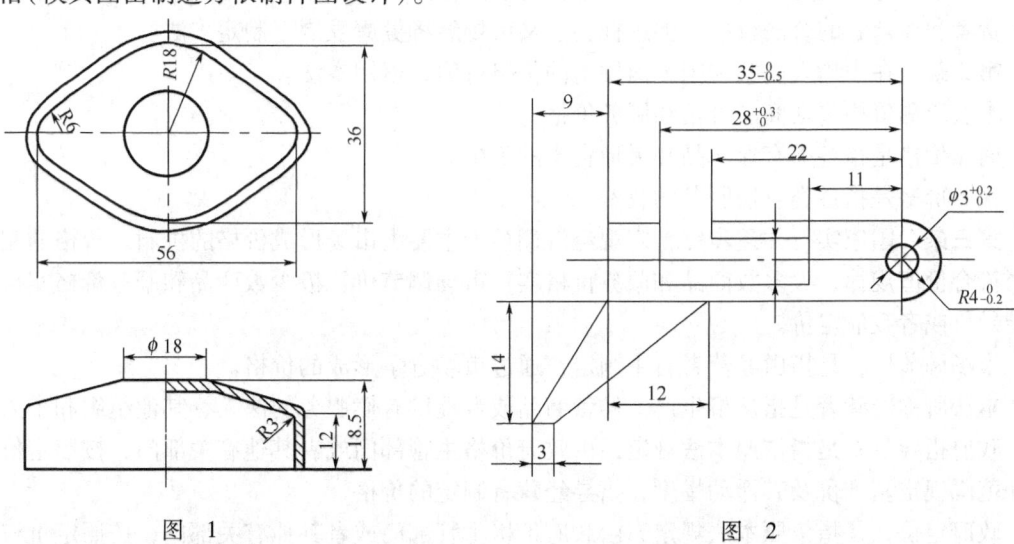

图 1　　　　　　　　　　　图 2

15. 中、大型冲压模具的制造特点是什么？在估算模具价格时如何考虑这些特点？
16. 中、大型冲压模具价格估算方法与小型冲压模具价格估算方法相比有何不同？为什么？
17. 用按模具重量和按模具制造工时估算中、大型冲压模具的销售价格时，利润和税金是分别通过哪些参数来体现的？

附　　录

附录 A　中华人民共和国价格法

《中华人民共和国价格法》已由中华人民共和国第八届全国人民代表大会常务委员会第二十九次会议于 1997 年 12 月 29 日通过，现予公布，自 1998 年 5 月 1 日起施行。

目录

第一章　总则

第二章　经营者的价格行为

第三章　政府的定价行为

第四章　价格总水平调控

第五章　价格监督检查

第六章　法律责任

第七章　附则

第一章　总　　则

第一条　为了规范价格行为，发挥价格合理配置资源的作用，稳定市场价格总水平，保护消费者和经营者的合法权益，促进社会主义市场经济健康发展，制定本法。

第二条　在中华人民共和国境内发生的价格行为，适用本法。

本法所称价格包括商品价格和服务价格。

商品价格是指各类有形产品和无形资产的价格。

服务价格是指各类有偿服务的收费。

第三条　国家实行并逐步完善宏观经济调控下主要由市场形成价格的机制。价格的制定应当符合价值规律，大多数商品和服务价格实行市场调节价，极少数商品和服务价格实行政府指导价或者政府定价。

市场调节价，是指由经营者自主制定，通过市场竞争形成的价格。

本法所称经营者是指从事生产、经营商品或者提供有偿服务的法人、其他组织和个人。

政府指导价，是指依照本法规定，由政府价格主管部门或者其他有关部门，按照定价权限和范围规定基准价及其浮动幅度，指导经营者制定的价格。

政府定价，是指依照本法规定，由政府价格主管部门或者其他有关部门，按照定价权限和范围制定的价格。

第四条　国家支持和促进公平、公开、合法的市场竞争，维护正常的价格秩序，对价格活动实行管理、监督和必要的调控。

第五条　国务院价格主管部门统一负责全国的价格工作。国务院其他有关部门在各自的职责范围内，负责有关的价格工作。

县级以上地方各级人民政府价格主管部门负责本行政区域内的价格工作。县级以上地方各级人民政府其他有关部门在各自的职责范围内，负责有关的价格工作。

第二章　经营者的价格行为

第六条　商品价格和服务价格，除依照本法第十八条规定适用政府指导价或者政府定价外，实行市场调节价，由经营者依照本法自主制定。

第七条　经营者定价，应当遵循公平、合法和诚实信用的原则。

第八条　经营者定价的基本依据是生产经营成本和市场供求状况。

第九条　经营者应当努力改进生产经营管理，降低生产经营成本，为消费者提供价格合理的商品和服务，并在市场竞争中获取合法利润。

第十条　经营者应当根据其经营条件建立、健全内部价格管理制度，准确记录与核定商品和服务的生产经营成本，不得弄虚作假。

第十一条　经营者进行价格活动，享有下列权利：

（一）自主制定属于市场调节的价格；

（二）在政府指导价规定的幅度内制定价格；

（三）制定属于政府指导价、政府定价产品范围内的新产品的试销价格，特定产品除外；

（四）检举、控告侵犯其依法自主定价权利的行为。

第十二条　经营者进行价格活动，应当遵守法律、法规，执行依法制定的政府指导价、政府定价和法定的价格干预措施、紧急措施。

第十三条　经营者销售、收购商品和提供服务，应当按照政府价格主管部门的规定明码标价，注明商品的品名、产地、规格、等级、计价单位、价格或者服务的项目、收费标准等有关情况。

经营者不得在标价之外加价出售商品，不得收取任何未予标明的费用。

第十四条　经营者不得有下列不正当价格行为：

（一）相互串通，操纵市场价格，损害其他经营者或者消费者的合法权益；

（二）在依法降价处理鲜活商品、季节性商品、积压商品等商品外，为了排挤竞争对手或者独占市场，以低于成本的价格倾销，扰乱正常的生产经营秩序，损害国家利益或者其他经营者的合法权益；

（三）捏造、散布涨价信息，哄抬价格，推动商品价格过高上涨的；

（四）利用虚假的或者使人误解的价格手段，诱骗消费者或者其他经营者与其进行交易；

（五）提供相同商品或者服务，对具有同等交易条件的其他经营者实行价格歧视；

（六）采取抬高等级或者压低等级等手段收购、销售商品或者提供服务，变相提高或者压低价格；

（七）违反法律、法规的规定牟取暴利；

（八）法律、行政法规禁止的其他不正当价格行为。

第十五条　各类中介机构提供有偿服务收取费用，应当遵守本法的规定。法律另有规定的，按照有关规定执行。

第十六条　经营者销售进口商品、收购出口商品，应当遵守本章的有关规定，维护国内市场秩序。

第十七条 行业组织应当遵守价格法律、法规,加强价格自律,接受政府价格主管部门的工作指导。

第三章 政府的定价行为

第十八条 下列商品和服务价格,政府在必要时可以实行政府指导价或者政府定价:
(一) 与国民经济发展和人民生活关系重大的极少数商品价格;
(二) 资源稀缺的少数商品价格;
(三) 自然垄断经营的商品价格;
(四) 重要的公用事业价格;
(五) 重要的公益性服务价格。

第十九条 政府指导价、政府定价的定价权限和具体适用范围,以中央的和地方的定价目录为依据。

中央定价目录由国务院价格主管部门制定、修订,报国务院批准后公布。

地方定价目录由省、自治区、直辖市人民政府价格主管部门按照中央定价目录规定的定价权限和具体适用范围制定,经本级人民政府审核同意,报国务院价格主管部门审定后公布。

省、自治区、直辖市人民政府以下各级地方人民政府不得制定定价目录。

第二十条 国务院价格主管部门和其他有关部门,按照中央定价目录规定的定价权限和具体适用范围制定政府指导价、政府定价;其中重要的商品和服务价格的政府指导价、政府定价,应当按照规定经国务院批准。

省、自治区、直辖市人民政府价格主管部门和其他有关部门,应当按照地方定价目录规定的定价权限和具体适用范围制定在本地区执行的政府指导价、政府定价。

市、县人民政府可以根据省、自治区、直辖市人民政府的授权,按照地方定价目录规定的定价权限和具体适用范围制定在本地区执行的政府指导价、政府定价。

第二十一条 制定政府指导价、政府定价,应当依据有关商品或者服务的社会平均成本和市场供求状况、国民经济与社会发展要求以及社会承受能力,实行合理的购销差价、批零差价、地区差价和季节差价。

第二十二条 政府价格主管部门和其他有关部门制定政府指导价、政府定价,应当开展价格、成本调查,听取消费者、经营者和有关方面的意见。

政府价格主管部门开展对政府指导价、政府定价的价格、成本调查时,有关单位应当如实反映情况,提供必需的帐簿、文件以及其他资料。

第二十三条 制定关系群众切身利益的公用事业价格、公益性服务价格、自然垄断经营的商品价格等政府指导价、政府定价,应当建立听证会制度,由政府价格主管部门主持,征求消费者、经营者和有关方面的意见,论证其必要性、可行性。

第二十四条 政府指导价、政府定价制定后,由制定价格的部门向消费者、经营者公布。

第二十五条 政府指导价、政府定价的具体适用范围、价格水平,应当根据经济运行情况,按照规定的定价权限和程序适时调整。

消费者、经营者可以对政府指导价、政府定价提出调整建议。

第四章　价格总水平调控

第二十六条　稳定市场价格总水平是国家重要的宏观经济政策目标。国家根据国民经济发展的需要和社会承受能力，确定市场价格总水平调控目标，列入国民经济和社会发展计划，并综合运用货币、财政、投资、进出口等方面的政策和措施，予以实现。

第二十七条　政府可以建立重要商品储备制度，设立价格调节基金，调控价格，稳定市场。

第二十八条　为适应价格调控和管理的需要，政府价格主管部门应当建立价格监测制度，对重要商品、服务价格的变动进行监测。

第二十九条　政府在粮食等重要农产品的市场购买价格过低时，可以在收购中实行保护价格，并采取相应的经济措施保证其实现。

第三十条　当重要商品和服务价格显著上涨或者有可能显著上涨，国务院和省、自治区、直辖市人民政府可以对部分价格采取限定差价率或者利润率、规定限价、实行提价申报制度和调价备案制度等干预措施。

省、自治区、直辖市人民政府采取前款规定的干预措施，应当报国务院备案。

第三十一条　当市场价格总水平出现剧烈波动等异常状态时，国务院可以在全国范围内或者部分区域内采取临时集中定价权限、部分或者全面冻结价格的紧急措施。

第三十二条　依照本法第三十条、第三十一条的规定实行干预措施、紧急措施的情形消除后，应当及时解除干预措施、紧急措施。

第五章　价格监督检查

第三十三条　县级以上各级人民政府价格主管部门，依法对价格活动进行监督检查，并依照本法的规定对价格违法行为实施行政处罚。

第三十四条　政府价格主管部门进行价格监督检查时，可以行使下列职权：

（一）询问当事人或者有关人员，并要求其提供证明材料和与价格违法行为有关的其他资料；

（二）查询、复制与价格违法行为有关的账簿、单据、凭证、文件及其他资料，核对与价格违法行为有关的银行资料；

（三）检查与价格违法行为有关的财物，必要时可以责令当事人暂停相关营业；

（四）在证据可能灭失或者以后难以取得的情况下，可以依法先行登记保存，当事人或者有关人员不得转移、隐匿或者销毁。

第三十五条　经营者接受政府价格主管部门的监督检查时，应当如实提供价格监督检查所必需的账簿、单据、凭证、文件以及其他资料。

第三十六条　政府部门价格工作人员不得将依法取得的资料或者了解的情况用于依法进行价格管理以外的任何其他目的，不得泄露当事人的商业秘密。

第三十七条　消费者组织、职工价格监督组织、居民委员会、村民委员会等组织以及消费者，有权对价格行为进行社会监督。政府价格主管部门应当充分发挥群众的价格监督作用。

新闻单位有权进行价格舆论监督。

第三十八条 政府价格主管部门应当建立对价格违法行为的举报制度。

任何单位和个人均有权对价格违法行为进行举报。政府价格主管部门应当对举报者给予鼓励,并负责为举报者保密。

第六章 法 律 责 任

第三十九条 经营者不执行政府指导价、政府定价以及法定的价格干预措施、紧急措施的,责令改正,没收违法所得,可以并处违法所得五倍以下的罚款;没有违法所得的,可以处以罚款;情节严重的,责令停业整顿。

第四十条 经营者有本法第十四条所列行为之一的,责令改正,没收违法所得,可以并处违法所得五倍以下的罚款;没有违法所得的,予以警告,可以并处罚款;情节严重的,责令停业整顿,或者由工商行政管理机关吊销营业执照。有关法律对本法第十四条所列行为的处罚及处罚机关另有规定的,可以依照有关法律的规定执行。

有本法第十四条第(一)项、第(二)项所列行为,属于是全国性的,由国务院价格主管部门认定;属于是省及省以下区域性的,由省、自治区、直辖市人民政府价格主管部门认定。

第四十一条 经营者因价格违法行为致使消费者或者其他经营者多付价款的,应当退还多付部分;造成损害的,应当依法承担赔偿责任。

第四十二条 经营者违反明码标价规定的,责令改正,没收违法所得,可以并处五千元以下的罚款。

第四十三条 经营者被责令暂停相关营业而不停止的,或者转移、隐匿、销毁依法登记保存的财物的,处相关营业所得或者转移、隐匿、销毁的财物价值一倍以上三倍以下的罚款。

第四十四条 拒绝按照规定提供监督检查所需资料或者提供虚假资料的,责令改正,予以警告;逾期不改正的,可以处以罚款。

第四十五条 地方各级人民政府或者各级人民政府有关部门违反本法规定,超越定价权限和范围擅自制定、调整价格或者不执行法定的价格干预措施、紧急措施的,责令改正,并可以通报批评;对直接负责的主管人员和其他直接责任人员,依法给予行政处分。

第四十六条 价格工作人员泄露国家秘密、商业秘密以及滥用职权、徇私舞弊、玩忽职守、索贿受贿,构成犯罪的,依法追究刑事责任;尚不构成犯罪的,依法给予处分。

第七章 附 则

第四十七条 国家行政机关的收费,应当依法进行,严格控制收费项目,限定收费范围、标准。收费的具体管理办法由国务院另行制定。

利率、汇率、保险费率、证券及期货价格,适用有关法律、行政法规的规定,不适用本法。

第四十八条 本法自1998年5月1日起施行。

附录 B 部分标准模架价格

部分冷冲模模架价格表 （时间：2006 年）

型号 凹模周界/mm	闭合高度/mm	价格 元/副	型号 凹模周界/mm	闭合高度/mm	价格 元/副	型号 凹模周界/mm	闭合高度/mm	价格 元/副
60×60	130~150	100.00	180×150	170~200	274.00	300×250	240~280	798.00
80×60	130~150	115.00	180×180	170~200	308.00	300×300	240~280	955.00
80×80	130~150	121.00	210×100	170~200	262.00	350×125	240~280	705.00
80×100	130~150	132.00	210×125	170~200	302.00	350×150	240~280	752.00
100×80	130~150	132.00	210×150	170~200	342.00	350×180	240~280	838.00
100×100	150~175	146.00	210×180	170~200	382.00	350×210	240~280	912.00
100×125	150~175	173.00	210×210	170~200	433.00	350×250	240~280	992.00
100×150	150~175	185.00	250×125	190~220	342.00	350×300	240~280	1106.00
125×80	150~175	146.00	250×150	190~220	422.00	350×350	240~280	1214.00
125×100	150~175	173.00	250×180	190~220	479.00	400×180	240~285	959.00
125×125	150~175	182.00	250×210	190~220	559.00	400×210	240~285	1037.00
150×100	150~175	185.00	250×250	190~220	656.00	400×250	240~285	1140.00
150×125	150~175	196.00	300×125	190~225	502.00	400×300	240~285	1231.00
150×150	150~175	221.00	300×150	190~225	581.00	400×350	240~285	1368.00
150×180	150~175	274.00	300×180	190~225	661.00	400×400	240~285	1824.00
180×125	170~200	251.00	300×210	190~225	730.00			

部分注射模模架价格表（2050 大水口系列）（单价：元）（时间：2006 年）

厚度 A	厚度 B	直身模 A	直身模 B	直身模 C	直身模 D	厚度 A	厚度 B	直身模 A	直身模 B	直身模 C	直身模 D
25	25	1629	2031	1431	1820	30	25	1651	2056	1454	1844
25	30	1654	2059	1457	1849	30	30	1674	2080	1474	1869
25	35	1677	2083	1481	1872	30	35	1694	2104	1497	1894
25	40	1704	2112	1507	1901	30	40	1722	2130	1526	1920
25	50	1735	2144	1538	1934	30	50	1754	2123	1555	1954
25	60	1812	2225	1616	2015	30	60	1826	2240	1629	2029
25	70	1866	2286	1670	2075	30	70	1881	2296	1682	2085
25	80	1921	2341	1725	2130	30	80	1936	2351	1737	2140
25	90	1976	2396	1780	2185	30	90	1991	2406	1792	2195
25	100	2031	2451	1835	2240	30	100	2046	2461	1847	2250

（续）

厚 度		直 身 模				厚 度		直 身 模			
A	B	A	B	C	D	A	B	A	B	C	D
35	25	1681	2088	1484	1876	70	25	1829	2246	1633	2035
	30	1704	2112	1507	1901		30	1847	2265	1651	2055
	35	1725	2137	1529	1925		35	1873	2293	1677	2083
	40	1747	2159	1551	1948		40	1901	2322	1704	2112
	50	1780	2193	1582	1982		50	1930	2354	1734	2144
	60	1857	2273	1659	2062		60	2010	2436	1812	2225
	70	1912	2329	1715	2120		70	2063	2490	1866	2281
	80	1967	2384	1770	2175		80	2118	2545	1921	2336
	90	2022	2439	1825	2230		90	2173	2600	1976	2391
	100	2077	2494	1880	2285		100	2228	2655	2031	2446
40	25	1712	2123	1515	1991	80	25	1879	2296	1683	2085
	30	1731	2140	1534	1930		30	1897	2315	1701	2105
	35	1754	2165	1555	1954		35	1923	2343	1727	2133
	40	1771	2184	1573	1974		40	1951	2372	1754	2162
	50	1802	2217	1605	2006		50	1980	2404	1784	2194
	60	1881	2296	1682	2086		60	2060	2486	1862	2275
	70	1934	2352	1738	2142		70	2113	2540	1916	2331
	80	1989	2407	1793	2197		80	2168	2595	1971	2386
	90	2044	2462	1848	2252		90	2223	2650	2026	2441
	100	2099	2517	1903	2307		100	2278	2705	2081	2496
50	25	1793	2207	1596	1997	90	25	1929	2346	1733	2135
	30	1811	2227	1613	2016		30	1947	2365	1751	2155
	35	1834	2250	1636	2040		35	1973	2393	1777	2183
	40	1851	2269	1654	2059		40	2001	2422	1804	2212
	50	1884	2303	1685	2094		50	2030	2454	1834	2244
	60	1955	2378	1758	2167		60	2110	2436	1912	2325
	70	2011	2435	1813	2224		70	2163	2590	1966	2381
	80	2066	2490	1868	2279		80	2218	2645	2021	2436
	90	2121	2545	1923	2334		90	2273	2700	2076	2491
	100	2176	2600	1978	2389		100	2328	2755	2131	2546
60	25	1811	2227	1613	2016	100	25	1979	2396	1783	2185
	30	1829	2246	1633	2035		30	1997	2415	1801	2205
	35	1847	2265	1651	2055		35	2023	2443	1827	2233
	40	1865	2283	1668	2073		40	2051	2472	1854	2262
	50	1897	2316	1699	2107		50	2080	2504	1884	2294
	60	1974	2396	1777	2186		60	2160	2586	1962	2375
	70	2028	2452	1831	2243		70	2213	2640	2016	2431
	80	2083	2507	1886	2298		80	2268	2695	2071	2486
	90	2138	2562	1941	2353		90	2323	2750	2126	2541
	100	2193	2617	1996	2408		100	2378	2805	2181	2596

部分注射模模架价格表（2050 D 型细水口系列）（单价:元）　　（时间:2006 年）

厚 度		直 身 模				厚 度		直 身 模			
A	B	A	B	C	D	A	B	A	B	C	D
25	25	3728	3647	3011	3380	50	25	3478	3847	3212	3581
	30	3295	3663	3029	3398		30	3528	3897	3262	3631
	35	3312	3681	3046	3415		35	3579	3948	3313	3682
	40	3330	3699	3063	3432		40	3630	3998	3363	3733
	50	3464	3834	3198	3567		50	3731	4100	3465	3834
	60	3602	3969	3335	3703		60	3834	4202	3567	3935
	70	3736	4104	3469	3838		70	3935	4304	3670	4037
	80	3836	4204	3569	3938		80	4035	4404	3770	4137
	90	3936	4304	3669	4038		90	4135	4504	3870	4237
	100	4036	4404	3769	4138		100	4235	4604	3970	4337
30	25	3322	3692	3057	3425	60	25	3553	3922	3288	3656
	30	3367	3736	3102	3470		30	3604	3973	3338	3708
	35	3413	3781	3146	3515		35	3654	4024	3388	3758
	40	3458	3827	3191	3561		40	3705	4074	3440	3808
	50	3565	3933	3298	3668		50	3805	4174	3539	3908
	60	3672	4040	4305	3774		60	3904	4272	3637	4007
	70	3779	4148	3512	3881		70	4004	4372	3737	4106
	80	3879	4248	3612	3981		80	4104	4472	3837	4206
	90	3979	4348	3712	4081		90	4204	4572	3937	4306
	100	4079	4448	3812	4181		100	4304	4672	4037	4406
35	25	3354	3723	3088	3458	70	25	3640	4009	3375	3743
	30	3406	3775	3140	3509		30	3689	4057	3422	3792
	35	3458	3827	3192	3561		35	3736	4104	3470	3839
	40	3510	3879	3243	3613		40	3784	4154	3519	3887
	50	3614	3984	3348	3718		50	3883	4253	3617	3986
	60	3719	4089	3452	3822		60	3982	4351	3716	4085
	70	3824	4194	3558	3927		70	4081	4450	3816	4184
	80	3924	4294	3658	4027		80	4181	4550	3916	4284
	90	4024	4394	3758	4127		90	4281	4650	4016	4384
	100	4124	4494	3858	4227		100	4381	4750	4116	4484
40	25	3403	3772	3136	3506	80	25	3715	4084	3450	3816
	30	3451	3821	3186	3555		30	3764	4132	3497	3867
	35	3501	3869	3234	3604		35	3811	4179	3545	3914
	40	3549	3919	3283	3653		40	3859	4229	3594	3962
	50	3653	4023	3387	3756		50	3958	4328	3692	4061
	60	3759	4128	3492	3861		60	4057	4426	3791	4160
	70	3863	4232	3596	3966		70	4156	4525	3891	4259
	80	3963	4332	3696	4066		80	4256	4625	3991	4359
	90	4063	4432	3796	4166		90	4356	4725	4091	4459
	100	4163	4532	3896	4266		100	4456	4825	4191	4559

(续)

厚度		直身模				厚度		直身模			
A	B	A	B	C	D	A	B	A	B	C	D
90	25	3790	4159	3525	3893	100	25	3865	4234	3600	3968
	30	3839	4207	3572	3942		30	3914	4282	3647	4017
	35	3886	4254	3620	3989		35	3961	4329	3695	4064
	40	3934	4304	3669	4037		40	4009	4379	3744	4112
	50	4033	4403	3767	4136		50	4108	4478	3842	4211
	60	4132	4501	3866	4235		60	4207	4576	3941	4310
	70	4231	4600	3966	4334		70	4306	4675	4041	4409
	80	4331	4700	4066	4434		80	4406	4775	4141	4509
	90	4431	4800	4166	4534		90	4506	4875	4241	4609
	100	4531	4900	4266	4634		100	4606	4975	4341	4709

附录C 常用模具材料参考价格

常用模具材料参考价格 （2006年4月）（单位：元/kg）

类别	材料	锻件或气割件	退火处理
碳素结构钢	Q195	4.80	6.00
	Q215	4.80	6.00
	Q235	4.80	6.00
	Q255	5.00	6.20
	Q275	5.00	6.20
	10钢	5.80	7.20
	15钢	5.80	7.20
	20钢	5.80	7.20
	30钢	5.80	7.20
	45钢	5.90	7.20
	65钢	6.20	7.70
合金结构钢与工具钢	T7A	8.00	9.80
	T8A	8.00	9.80
	T10A	10.00	11.20
	T12A	10.00	11.20
	5CrW2Si	11.00	13.50
	6CrW2Si	11.80	14.70
	9Mn2V	9.00	11.30
	9Cr2	9.60	12.00
	9Cr2Mo	9.60	12.00
	9Cr3Mo	9.60	12.00
	9SiCr	8.50	10.50
	GCr15	9.60	12.00

(续)

类　别	材　料	锻件或气割件	退火处理
合金结构钢与工具钢	GCr15SiMnA	9.60	12.00
	40CrMnMo	9.60	12.00
	38CrMoAl	9.70	12.20
	40CrNiMo	11.00	13.30
	20CrNiMo	11.00	13.00
	20Cr2Ni4	14.00	17.60
	20CrNi3	14.00	17.60
	18Cr2Ni4WA	14.70	18.30
	18NiCrMo5	12.50	17.60
	12CrMoV	9.70	13.50
	25CrMoV	13.00	17.80
冷作模具钢	Cr12	19.00	22.00
	Cr5MoV	20.00	24.40
	Cr12MoV	20.00	24.40
	D2(SKD11)(美)	68.00	85.00
	65Nb(65Cr4W3Mo2VNb)	77.00	96.00
	LD(7Cr7Mo3V2Si)	80.00	100.00
	GD	37.00	46.00
	CrWMn	15.00	19.00
	W18Cr4V	40.00	49.30
	6CrNiSiMnMoV	63.00	78.00
	02(SKS3)(美)	70.00	87.00
	GM(A2、SKD12)	60.00	75.00
	CH(D6、SKD12)、	64.00	79.00
	01(SKS21)(美)	42.00	52.00
	7Cr17-9Cr18	55.00	68.00
	N2(美)	190.00	250.00
	T42(美)	360.00	480.00
	M4(美)	320.00	420.00
	M3:2(ASP-23)(美)	360.00	480.00
热作模具钢	5CrNiMo	23.00	30.00
	5CrNnMo	17.00	21.00
	5Cr2NiMoVSi	57.00	71.40
	GR(4Cr3Mo3W4VTiNb)	90.00	114.00
	3Cr2W8V	37.00	46.00
	4Cr2WMoVSi	33.00	41.50
	8Cr3	16.00	20.50
	HD	88.00	109.00
	HM3	77.00	96.00
	H13(SKD61)(美)	64.00	80.00
	Y10	70.00	87.00
	H12(美)	59.00	74.20

(续)

类别	材料	锻件或气割件	退火处理
热作模具钢	Y4	62.00	77.00
	H11(SKD6)(美)	60.00	75.00
	HM1	70.00	88.00
	4Cr2Mo2V	59.00	74.00
不锈钢与塑料模具钢	SM1	33.00	43.00
	PSM	36.00	47.00
	1Cr13-2Cr13	23.00	30.00
	3Cr13-4Cr13	22.00	28.00
	4Cr13V	28.00	32.00
	3Cr16	29.00	35.00
	M300	137.00	155.00
	1Cr17	31.00	35.00
	5Cr3Mo	30.00	34.00
	1Cr18Ni9Ti	35.00	40.00
	1Cr18Ni12MoTi	40.00	46.00
	0Cr18Ni12Mo3Ti	46.00	52.00
	P20(SCM4)(美)	32.00	40.00
	P20+Ni(PDS5S)(美)	34.00	42.00
	420(168)(美)	60.00	75.00
	420ESR(S-136)(美)	63.00	78.00
	6F7(美)	55.00	68.00
	440C(SUS440C)(美)	100.00	125.00
硬质合金	YG8(板材)		560.00
	YG15(板材)		560.00
	YG20(板材)		560.00
其他材料	普通紫铜棒料		45.00
	EIMEDURX(德)		280.00
	EIMEDUR HA(德)		460.00
	聚氨酯橡胶		125.00
	卸料橡皮		43.00~85.00
	石墨板材		125.00

附录D 模具相关加工设备参考价格

模具相关加工设备参考价格　2006年8月(单位:元/台·时)

设备或工种名称	设备型号或范围	参考价格
车床	大车 φ608mm×1500mm	20.00
	中车 φ350mm×1000mm	15.00
	小车 φ200mm×500mm	12.00
钻床	立钻	10.00
	摇臂钻	15.00

(续)

设备或工种名称	设备型号或范围	参 考 价 格
刨床	牛头刨	10.00
	油压刨	15.00
	仿型刨	18.00
插床	插床	18.00
铣床	立铣	14.00
	万能工具铣	18.00
刻字机	刻字机	20.00
磨床	平面磨	16.00
	外圆磨	18.00
	工具磨	20.00
	镜面磨	40.00
	螺纹磨	46.00
	坐标磨	220.00
镗床	国产镗床	26.00
	进口镗床	40.00
	数控镗铣床	200.00
电火花线切割机床	国产快走丝小型机床	12.00
	国产快走丝大型机床	30.00
	进口慢走丝机床	220.00
电火花成形机床	国产机床	18.00
	进口机床	200.00
砂轮切割机	砂轮切割机	8.00
锯床	弓锯	8.00
	带锯	12.00
箱式电炉	8kW 950℃	235.00
	12kW 960℃	30.00
	14kW 650℃	30.00
	18kW 950℃	36.00
	40kW 1200℃	50.00
	60kW 950℃	56.00
	60kW 井式渗碳炉	100.00
	软氮化每炉	1000.00
冲床	40t 曲柄压力机	10.00
钳工	模具钳工	15.00
	机修工	13.00

参 考 文 献

[1] 颜学樵. 工业企业成本财务管理[M]. 北京：机械工业出版社，1983.
[2] 姜思明. 工业企业财务与分析[M]. 北京：机械工业出版社，1983.
[3] 王定一. 价格学总论[M]. 银川：宁夏人民出版社，1987.
[4] 郑成龙. 工业企业经营管理[M]. 北京：蓝天出版社，1992.
[5] 童宛生，等. 商业物价[M]. 北京：中央广播电视大学出版社，1984.
[6] 彭建声，等. 模具技术问答[M]. 北京：机械工业出版社，1996.
[7] 冯炳尧，等. 模具设计与制造简明手册[M]. 上海：上海科学技术出版社，1985.
[8] 沈景明. 机械工业技术经济学[M]. 北京：机械工业出版社，1988.
[9] 王芝璞. 模具计价办法参考手册[M]. 北京：中国模具工业协会，1993.
[10] 蒋世钧. 模具价格浅谈[J]. 模具工业，1986(4).
[11] 余问中，等. 论模具价格计算[J]. 模具工业，1989(10).
[12] 刘崇欣. 汽车模具计算机报价系统[J]. 模具工业，1997(2).
[13] 刘建平. 模具价格的简便估算法[J]. 模具工业，1989(2).
[14] 齐齐哈尔轻工学院. 玻璃机械设备[M]. 北京：轻工业出版社，1991.
[15] 傅耆寿. 锻压技术问答[M]. 北京：机械工业出版社，1993.
[16] 黄毅宏，李明辉. 模具制造工艺[M]. 北京：机械工业出版社，1998.
[17] 刘航. 模具价格估算[M]. 北京：机械工业出版社，2001.
[18] 张祥林. 模具计价手册[M]. 北京：机械工业出版社，2006.